知的生きかた文庫

40代からの住まいリセット術

水越美枝子

三笠書房

はじめに

家づくりの基本は、「人が主役の住まい」をつくることだと思っています。家にいることにしあわせを感じたり、住まいのおかげでいきいきとできる――そんな暮らしは、人生を確実に豊かにしてくれます。

住まいを考えることは、「自分を見つめ直す」ことにつながります。

「これから十年後、二十年後、どんな家でどんなふうに暮らしていきたいのか？」

その答えは、立ち止まってこれからの自分の人生や、将来の姿を考えなければ出せないからです。

ここ二十年以上続いているリフォーム・ブームの背景には、築後三十年以上を経《へ》て改修を迫られている住宅がとても多いということや、こういった住宅に住んでいる人たちが定年を迎えるにあたり、新しい生活をスタートさせるためにリフォームを考えるようになってきたことがあります。

それに加えて、あらゆる世代で「住まい」への関心が高まり、「収納」「インテリア」などにこだわった「自分らしい家づくり」を目指す人が増えていることも確かです。コロナ禍をきっかけに、家の快適さや居心地に、より意識が向くようにもなりました。

若い世代では中古住宅を割安で手に入れて、自分たちのスタイルに合わせてリフォームをするほうが、出来合いの新築住宅を買うよりも合理的だという考えも広がりを見せています。

「住まい」を考えることが、自分や家族を大切に生きることにつながり、「家」は自分の生きかたを表す場所だと気づきはじめた人が、少なからずいるのではないでしょうか。

私は、多くのリフォームを手がけるなかで、間取りの悪さ、つまり家のなかの動線のまずさが、暮らしに無駄や無理を強《し》いているケースを目《ま》の当たりにしてきました。

消費が拡大して、ものに囲まれた私たちの暮らしは便利にはなりましたが、収納の場所が不適切だったり、スペースが不足していたりするせいで、ストレスをためながら生活をしている人がたくさんいます。

そのいっぽうで、家に合わせる暮らしをやめて、自分たちの生活に合わせて家をリフォームして新しい生活を始めた人たちが、みな一様にいきいきと元気になって、「こんなに快適に生活できるようになるとは思っていませんでした」

と言うのも耳にしています。

そんなことから、いまもまだ家と折り合いをつけながら暮らしている人たちが改めて自分の家と向き合い、これまでの住まいに対する考えかたを一度リセットして、「自分らしく生きられる家」、「居心地のよい住まい」をつくるための一助となるような本を書きたいと思いました。欲を言えば、自分が快適なだけでなく、「会いたい人が訪《たず》ねてきてくれる」、そんな家にもしたいものです。


本書では、「動線」「収納」「インテリア」という快適な生活に欠かせない三要素を組み込んだ住まいづくりの法則を、わかりやすく解説しています。

新築よりも大小のリフォームに焦点を合わせていますが、新築を考えている人や、まだ住まいに大きな手を加える予定のない人にも、これまでの住まいを見直す手掛かりにしていただけるようになっています。タイトルの「リセット」という言葉には、そんな広い意味を込めました。

　家づくりの現場にいて、住まいを考えることは「しあわせ」につながることだと実感しています。その意味でも私は、生涯の家を考えはじめるのによい年代を四十代からととらえています。

　自分の「これから」を考え、「すでにあるものを見直し、より自分らしく、自分に合う生活ができる家にする」のが、ここでいうリセットであり、長い人生を豊かに自分らしく生きようと考えはじめる世代に、この言葉がぴたりと合うのではないかと思うのです。

　この本で、さまざまな人たちの「これから」の可能性を実現させる住まい、「わが家がいちばん居心地いい」と思える住まいをつくるお手伝いができれば、うれしく思います。

目次

第二章 部屋がみちがえる「視覚のマジック」

第三章 短い動線で時間を生みだす

第四章 収納は科学

第五章 自分らしいインテリアのすすめ

第六章 リフォームで人生が変わる

本文写真提供：著者
本文イラスト：澤田賢

第一章

とりあえずの住まいをリセットする

1 ほんとうに「住み心地のよい家」とは

「『住み心地のよい家』と聞いて、どんな家をイメージしますか？」

こう問いかけられると、多くの人は「使い勝手がよくて、暮らしやすい家。いつも片付いていて、気持ちがいい家。雰囲気があって、のんびりくつろげる家……」などと答えるでしょう。

これらの漠然としたイメージを家づくりで具体化させるために必要な条件は、大きく分けてふたつあります。

ひとつは、**「機能性」**です。

「使い勝手がいい、片付いている」などは、こちらになります。

動線を考慮してつくられた家なら、家事効率がよくなり、生活しやすくなります。

収納が整った家であれば、いつも片付いた状態になりますし、ものの出し入れも便利になります。機能性を向上させるには、この「動線」と「収納」を充実させることが不可欠です。

もうひとつは**「精神性」**です。

それは住む人の目に映る心地よさ、つまり**インテリア**的な要素です。「雰囲気があって、のんびりくつろげる家」というイメージは、こちらに入るでしょう。そういう家は心に充足感をもたらしてくれるものです。

インテリアが自分の趣味・嗜好に合わせてコーディネートされているか否かで、住まいへの満足度は大きく変わってきます。

しかし、自分にとって心地よいインテリアを実現するには、「動線がシンプルにつくられ、そのうえで収納のシステムがたくみに連携して機能している」という土台が必要です。

どんなにハイセンスなインテリアも、この「土台」の上に築かれていなければ砂上《さじょう》の楼閣のようなもの。すぐに崩れて、せっかくのしつらいが台無しになりかねません。

「機能性」と「精神性」、どちらの条件が欠けても満足できる住まいは手に入らないのです。

専門的には、さらに、通気性、日当たり、寒暖、省エネルギーなどの調節を行う設備的な面も充実させる必要がありますが、本書では、**「動線」「収納」「インテリア」の三つの要素を正しく組み合わせた、自分でできる新しい住まいづくり**を提案したいと思います。

2 「とりあえずの住まい」の誕生

家をつくるとき、「機能性」と「精神性」のどちらを優先させるかを、二者択一で考えてしまう人は少なくありません。

「多少動きが面倒になるけれど、ここは見た目を優先しよう」

「ちょっと散らかっていたって、落ち着く家がいちばん」

こうして建てられた家は「どことなく住みにくい家」「人を呼べない乱雑な家」になってしまいます。

なぜ、きちんと片付き、住み心地がよくて見た目も美しい家を、だれもが手に入れられないのでしょう？

その原因の一端は、一九五五年ごろから始まった高度経済成長期の住宅事情と、消費拡大による家庭内でのものの量の増加、そうした変化に対応しきれないまま確立されてしまった現代日本人の住宅観にあると考えられます。

■日本人の暮らし

「高度経済成長期」以前の日本人は、現代の私たちのように多くのものに囲まれて暮らしたことはありませんでした。

畳《たたみ》の上での生活では、部屋のなかに置かれる家具は最小限。

何もないことを美しいと感じる引き算の文化を、日本人は持っていました。

朝起きたら寝具は押し入れにしまう。そうして片付いた部屋は、家庭によっては食事の場になったり、居間になったりしました。余計なものがないすっきりとした暮らしは、日本人の得意とするところだったのです。

■マンモス住宅の時代

ところが、戦後の復興を遂《と》げて、経済が急成長し、科学技術も進歩したことで日本の各家庭には、電化製品をはじめさまざまなものが置かれるようになりました。

同時に、都市部への人口集中が加速し、そのうえ核家族化が急速に進んだことによって、大都市地域の世帯数が急激に増加しました。

それに対応するために、数千戸単位の団地、住人の数が十万人というニュータウンが次々と建設されました。伝統的な日本家屋《かおく》は徐々に姿を消し、「核家族向けの住宅」がたくさん設計されるようになったのです。職を求めて町にやってきた人は、とりあえずそこに住むしかない状況だったと言えます。

さらに、欧米文化の流入とともに、戦前からの伝統や慣習が失われていきます。では、これまでの日本文化を捨て去った代わりに西洋文化を導入したのかと言えば、そうではありません。当時の日本の住宅はとりあえずアメリカ〝ナイズ〟されたものであり、捨て去った日本文化をしのぐような新しい文化は育ちませんでした。

たとえば六〇年代半ばから、子ども部屋に代表される個室が導入されました。日本の一般家庭には、存在しなかった部屋です。

ところがこれは本来の個室文化とは、似て非なるものでした。欧米の個室は、個人の寝室に専用の洗面、浴室、トイレといった水まわりが備えつけられた完全なプライベート・スペースが基本です。

睡眠はもちろん、朝の洗面から夜の入浴まで、身づくろいは個人が個室で完結するものです。つまり、家族はそれぞれ自分の個室で「個人の用事」を済ませ、リビングやダイニングに集まる仕組みになっているのが本来の個室文化です。

個人の持ちものは、すべて個室に置き、リビング・ダイニングなどの共用スペースには家族共有のものだけを置く。この原則があれば、あまり散らかりません。

しかし、限られた広さのなかで、日本の子ども部屋は、子どもがおもに勉強して眠るためだけの場所でした。個人の身だしなみを整えるために必要な多くのことが、家族の共用スペース、洗面所で行われます。**この矛盾が、動線のゆがみを引き起こすことになりました。**

収納においても、「個人の領域」と「家族共有の領域」の線引きがあいまいなために、混乱が生まれました。

いっぽう、消費経済はどんどん成長し、家のなかにはものがあふれるようになりました。家族共有の領域のなかに物量に見合うだけの収納スペースがないために、きちんとしまわれる場所のないものたちが、とりあえずの場所に出しっぱなし、置きっぱなしの家ができあがっていったのです。

九〇年代はじめのバブル崩壊を経ても、日本の住まいは、とりあえずのままでした。その後の長い不況と言われた時代も、だれもが大量にものを所有する状態は、変わらず続いています。

ところが、日本の住まいの収納スペースは、相も変わらず奥行き九〇センチメートルの押し入れサイズという、布団だけに適したサイズのものがまだまだ残る現状です。ベッドが一般化すれば、押し入れの使い勝手が悪くなるのは自明の理でしたが、住宅のつくり手たちは、その矛盾をただすことはなかなかしませんでした。

成熟しないまま、とりあえずつくった団地やマンション、建て売り住宅が増え、その流れはずいぶん長く続いてきたわけです。

売り手も買い手も「六畳《じょう》、八畳」という畳数だけで部屋を考え、「どのような位置に、どういう収納があれば、いい部屋なのか」をきちんと検討していなかったということです。これは多くの住宅、たくさんのマンションに言えることです。

■「とりあえず」に別れを

とりあえずの家に住む人たちは、押し入れが使いにくいからと洋服箪笥《だんす》を買ったり、ハンガーラックを置いて間に合わせたりして、とりあえずの収納でしのいできました。置く場所も「とりあえず」ですから、当然、動線を妨《さまた》げます。

これでは、ものがきちんと収まった、散らからない部屋を好みのインテリアで整えるなど、無理な話です。

こうして私たちは、住み心地がよくて見た目も美しい家をあきらめる、哀《かな》しい癖《くせ》をつけてしまったのです。

そろそろ立ち止まり、「とりあえずの家」を見直すときが来ています。

私たちは、住まいも、住まいについての考えかたも、リセットする時期にさしかかっています。

とはいえ、私は「すべての個室に洗面、浴室、トイレをつけましょう」などという現実離れした提案をする気は、毛頭ありません。スペース、費用の制約を考えたうえで取りうる合理的なやりかたはいくらでもあります。

また、日本には日本人に合った住まいがあるのですから、すべてを欧米風にする必要などまったくないのです。


大切なのは、現状を理解して、リセットすること。

ちょっとした基本ルールをマスターし、それに合わせて住まいを変えること。

そして、「どうせ、家は散らかるものだ」「インテリアなんて考える余裕はない」などと、あきらめないことです。

3 「リセット・ポイント」の発見

収納しきれないほどたくさんのものを所有し、洋風の家具を置き、限られたスペースのなかで、動線が乱れたまま、とりあえずいまの住まいで暮らしている。日本の住まいは、ずいぶん長いあいだ問題をかかえてきました。

現状のリセットとマイナーチェンジによって、機能的にも精神的にも満たされる「居心地のよい住まい」を手に入れるには、どうしたらいいのでしょう?

その答えを自分なりに模索していたものの、建設会社の設計部で住宅やマンションの設計を担当していたときには、見つけることができませんでした。
ところが会社を辞め、設計者としての視点に、「専業主婦」という生活者としての視点が加わったとき、その答えがようやくわかってきたのです。

このことは、「売り手」の側で働いていたときには見えていなかったことを明らかにしてくれ、その後の、私の設計者としての第二のスタートに、おおいに役に立つことになりました。

■タイ生活がくれた贈りもの：リセット・ポイントの発見

一九九一年、私は建設会社を辞め、娘を連れて、夫が単身赴任していたタイのバンコクで暮らしはじめました。

そこでの住まいは、完全な欧米スタイルの家でした。つまり、前項で述べた個人の部屋に、トイレと浴室を兼ねた洗面所がついているつくりです。

じつは、私は日本で働いていたときに、「外国人向けのマンション」として注文されるままに、ずいぶんこのような間取りの設計をしていました。ただ、心のどこかで家に三つもバスルームがあるのは、無駄なスペースをつくっているように思いながら図面を引いていたのも事実でした。

ところがこの思いは、実際にこういった住宅に暮らしてみて払拭《ふっしょく》されました。

朝起きて、自室で洗面、着替えなどの身づくろいを完全に済ませた状態で、キッチンへ行くことができる。単純なことですが、体験してみると、これは劇的な生活の変化でした。

入浴後すぐ、浴室に続く寝室のクローゼットから、下着やパジャマを取りだして着ることができる。小さい子どものいる母親にはこれは快適な環境でした。

寝室から浴室まで、子どもをかかえてパジャマや下着を持って移動するのは毎日となると重労働です。日本のマンションのほうが小さなスペースだったのに、あちこち歩きまわっていた気がしました。

また、現地で友人ができ、しばしば自宅に来客があるようになったころです。

日本では、人が来るとなるとあわててきれいにするのは水まわりでした。

「ちょっと手を洗わせて」と来客が言うのは、よくあることです。日本のわが家の洗面所は、かなり狭いうえに、ご多分にもれず脱衣所も兼ねていました。

しかし、バンコクの家では、トイレがついた来客用の洗面所があったので、仮に自分たちの洗面所を散らかしていても、まったくあわてずに済んだのです。

「もしかしたら、洗面所のありかたを見直すことが、生活をしやすくする鍵になるかもしれない」

水まわりの動線や活用のしかたを変えると、家のなかが連鎖的に整えられることがわかったのです。

いまでは新築でもリフォームでも、洗面所のリセットは、私の設計の中心的な提案のひとつになっています。

4 日常を〝極上〟にする「フォーカル・ポイント」

タイの暮らしで発見したものは、洗面所というリセット・ポイントのほかに、もうひとつあります。これもいままでは私の設計の基本となっている考えかたです。詳しくは第二章で述べますが、ここでは概要を紹介しておきたいと思います。

■視覚のマジック

私がバンコクに住みはじめたころの日本の建築界は、まだまだ欧米志向でした。アジアからのニュースソースも少なく、タイではひと握りのホテル建築が、話題に上るだけでしたので、私にとってバンコクは、「魅力あふれる」とは言いがたい土地でした。

「アメリカかヨーロッパならともかく、タイでは仕事に役立つ情報もチャンスもないだろう。設計のキャリアは、終わったも同然だ」

はじめての海外生活のストレスと、仕事を辞めたことへの焦り。日本に帰国しようかと悩む私に、夫が言いました。

「長い人生の休養期間だと思って、ここでしかできないことを、やってみたら？」

この言葉にはっとした私は、娘が幼稚園に行っているあいだに、時間を見つけては、あちこちのホテルを訪《おとず》れることにしました。

バンコクは、世界に名だたる五つ星ホテルがとても多い観光都市なのです。チャオプラヤ川のほとりに建つ、オリエンタルホテル、ラジャダムリ通りのハイアットエラワンや、リージェントホテル、大使館が多いサトーンには、できたばかりのスコタイホテルがありました。

慣れない生活のなかで、積極的にやりたいことも見つからず、いろいろなことが無意味に思えたそのころの私をなぐさめてくれたのは、何時間も過ごした、ホテルのロビーやダイニングの居心地のよい空間でした。

しばらくは、その美しい場所で、ただ心地よさを堪能していただけでしたが、ふと「こんな空間を設計するのにはどうしたらいいのだろう」という疑問が頭をもたげました。
そんな疑問を持ちながら、注意して観察していると、謎が少しずつとけるように、その空間の美しさと心地よさの理由がわかってきました。

そこには、デザイナーが計算し尽くした「視覚のマジック」が随所に仕掛けられていたのです。それは、「フォーカル・ポイント」を的確に押さえる手法でした。

フォーカル・ポイントとは、英語で「焦点」を意味します。この言葉はインテリア用語でもあり、「空間のなかで視線が集中する場所」という意味で使われます。

ホテルのロビーに一歩足を踏み入れたとたん、「別世界」に来たような気分になるのは、空間のなかで視線が集中する「フォーカル・ポイント」が、あふれるほど贅沢に生《い》けられた花、美しいアンティークの壺、東洋的なオブジェ、ときにはクリスマスツリーといった季節感のあるもので演出されているからです。
真っ先に目に入るフォーカル・ポイントの印象は、そのホテル全体の印象になり、訪れる人の心に強く焼きつけられます。

「ホテルは非日常を楽しむ場所ではあるけれど、日常の住まいのなかにも、フォーカル・ポイントを取り入れられないだろうか？　毎日暮らす家こそ、そこにいるだけでしあわせを感じられる場であるべきではないか？」

そんなことを考えるようになった私は、レストランや会社、病院など、訪れるすべての場所の、フォーカル・ポイントを意識して見るようになりました。

■タイ・ハウスとジム・トンプソンが教えてくれた「用の美」

また、ホテルや、公共の建物を訪ねるうちに、街中で見かける、独特なたたずまいのタイ・スタイルの住居にも目が留《と》まるようになりました。

典型的なタイの住宅は、一階が柱だけの高床式《たかゆかしき》住居です。突然のスコールに対応できるように急勾配の三角屋根がのっています。居住スペースの二階は、上部の吹き抜けから熱風が抜ける工夫もされています。

タイの中央平原は、海抜わずか二メートルほど。運河が掘られるまえは、雨期になると大量に降る雨で川が増水し、水があふれ、高床式住居の二階から舟で出入りするという、川のなかの生活になったといいます。背の高い杭《くい》の上で暮らすような住まいは、水と共生する知恵として生まれたことがわかりました。

また、高床は通風がよく、湿気を防ぎます。土間である床下も、機織《はたお》りをするなど工芸品づくりの作業場、家畜の飼育など多機能に使われたようです。

住宅とは本来、このように気候や風土に合わせたものであるはずです。

タイ・ハウスは私に、住宅の大事な基本を思い出させてくれました。


次第に、気力も充実してきて、タイ建築への興味が膨らむなかで、私はジムトンプソン・ハウス（博物館）と出会いました。そこにはそれまで学んできたインテリアの世界とはまったく異なる、西洋から見た上質なアジアの美しさとインテリアの新しい概念がありました。

ジム・トンプソンはアメリカ人の建築家で、衰退していたタイ・シルク産業を復興させたことで世界的に有名な人物です。

ジムトンプソン・ハウスは、伝統的なタイ様式建築の屋敷を数棟移築して合体させたもので、実際に彼が住んでいたものです。現在は、彼が蒐集《しゅうしゅう》した古美術品も含めて、

伝統的なタイ・スタイルの家

彼が生活したそのままの状態で博物館になっています。

タイは、東南アジアのほぼ中心という地理的条件から、同地の工芸美術や建築は、中国、インド、カンボジアなど、周辺諸国の影響がバランスよくブレンドされています。そうして生まれたタイ・スタイルに、ジム・トンプソンは心をとらえられたのでした。

トンプソンは、自分で設計したその家に、彼を魅了したタイや周辺諸国の美術品をインテリアとして効果的に配し、テーブルやソファ、食器、チェスト、花入れ、シルク・ファブリックなど「用の美」を備えたさまざまな骨董や工芸品を日常使いにして楽しみました。

それは本人をしあわせにしただけでなく、招かれた人たちの目も楽しませ、いま、訪れる私たちをも歓迎してくれています。


インテリアとは、たんなる「飾り」ではなく、日常生活を豊かにするもの。その考え方こそが日常を〝極上に〟する極意なのだということに思いいたりました。

私がぼんやりとホテルを見て感じていたことを実践して暮らしていたのが、ジム・トンプソンだったのです。


その後、何度か、バンコク市内の優れた住宅を見る機会にも恵まれましたが、どの家も、タイの気候風土にマッチしたデザインやフォルムの家具や工芸品をうまく取り入れ、フォーカル・ポイントを効果的に使って演出していました。

訪れる人を魅了するインテリアは、どれも、その家に住む人たちの個性が表れており、住んでいる人たち自身もそれを楽しんでいることが伝わってくるものでした。

こうして私は「住まい」に、機能性だけでなく美しさも同様に求めるという、成熟した文化があることを実感したのです。
友人宅を訪れると、つい、フォーカル・ポイントを見る癖がついていました。するとせっかくの丹精込められたフラワーアレンジメントは目が行かない場所に飾ってあり、ともすると大事な場所に「見せたくないもの」が置いてある、という残念な家がとても多いことに気がつきました。

「インテリアを整えて趣味よく演出することと、ものをしかるべきところに収納することを、セットで考えてみたらどうなるのだろう?」

この模索もやがて、私の設計の基礎になりました。
フォーカル・ポイントについては第二章で、インテリアについては第五章で、より具体的に説明します。

5 自宅設計の三つのポイント——家族との関係

バンコクから帰国後、私は友人とともに、住宅の設計を中心に手がける設計事務所を設立しました。

そして、その二年後に自宅の設計をすることになりました。

自分の家を設計するときには、自分なりの「居心地のよい住まい」を実現させるために、「働く主婦」という生活者としての目線と、タイで得た生活しやすい住まいのポイントをもとに、以下の三つをコンセプトに据《す》えました。

①時間効率がよい家
②いつ、だれが来ても「大丈夫！」と言える家
③ダイニング・テーブルが中心となる住まい

■時間効率がよい家

共働きの家庭では、子どもが小さいころはとくに、時間に追われます。掃除や整理整頓に明け暮れているようでは、仕事と家事だけで手一杯。とても家族とじっくり向き合う時間などとれません。

私は、この問題を動線と収納の見直しで一気に解決して、時間効率のよい家を実現しようとしました。いつも片付いていて家事効率がよい状態であれば、ゆとりも生まれるだろうと思ったのです。そして、「洗面所というリセット・ポイント」を中心に、設計することにしました。

■いつ、だれが来ても「大丈夫！」と言える家

仕事柄、クライアントにイメージをつかんでもらうために、ときには自宅でも打ち合わせをします。また、建築やインテリアの雑誌の取材者など来客も多く、そのままついでに打ち合わせをすることもあります。

このような仕事上の必要性もあって「いつ、だれが来ても大丈夫な家」にしたかったのですが、それを可能にするために、私は、フォーカル・ポイントを利用して、積

極的に見せる場所と、死角を利用して見せたくないものをしまう場所を、間取りに反映させました。

じつは、これが家族にとっての住み心地のよさを手に入れる鍵にもなりました。

すなわち、**いつ来客があってもいいように、「日常的に見た目をよくする意識」を持つことで、住まいの機能性と精神的満足を両立することができたのです。**

■ダイニング・テーブルが中心となる住まい

当時は、夫も私も仕事が忙しい時期でした。まだ小さかった子どもたちの食事も、勉強も、そして家族の会話も、ぜんぶダイニング・テーブルで行えるようなリビング・ダイニングなら、一緒に過ごせる短い時間を有意義に使えるのではないかと思い、そこを家の「中心」にしようと思いました。

「場」をきちんと設ければ、そこにいる時間が増えます。するとおのずとコミュニケーションも活発になります。

小学生だった子どもたちが高校生、大学生、社会人になり、コミュニケーションのありかたは変わっていきましたが、ダイニング・テーブルはその間、家族がともに過ごす場として立派に活躍してくれました。

■住まいが支える家族のつながり

私は、自宅の設計で得た効果をクライアントにも実感してもらいたいとの思いから、提案する設計のなかにこれらの要素を盛り込んでいます。

たとえば、小さな子どもがいるクライアントには、ダイニング・テーブル中心の住まいを提案するという具合です。

しかし最近では、中高年にこそ、「ダイニング・テーブルが中心の住まい」をすすめたいと考えるようになりました。

子どもたちが独立し、夫婦ふたりだけの暮らしがやってきたとき、家族のコミュニケーションのありかたは変わります。

子どもを介してなんとなくつながっていたお互いの存在を、改めて見つめ直すようになるでしょう。そのとき、家族が集まる場だったリビング・ダイニングのリセットが必要になります。

これまでのリビング・ダイニングは、子どもを中心に一家が集まり、にぎやかな場所だったかもしれません。そして昼間の時間は、妻だけの砦《とりで》だったかもしれません。そこがこれから先、ふたりで多くの時間を過ごす場所となるのですから、新たな使いかたに合わせて変えたほうがよいと思うのです。

新婚当時に戻ったように、「一日中、何をするのも一緒」という夫婦は、実際のところ、そう多くはないでしょう。

私がおすすめするのは、もっとあっさりしたプラン。

たとえて言うなら、小さなテーブルで、ふたりが面と向き合って、互いの目を覗《のぞ》き込んでいるのではなく、大きなテーブルのはす向かいにいて、それぞれが本を読んだり、アルバムを整理したり、思い思いのことをしているイメージです。

同じ空間を共有し、お互いの気配は感じているけれど、パートナーがやりたいことを尊重する「つかず離れずの関係」。これが中高年のカップルにとって現実的であり、ひとつの理想ではないかと思うのです。

家族のコミュニケーションのとりかたも時の流れで変わるということを、頭の片隅にとどめておいてください。

同様に、そこに住まう人の構成も年齢も、それにともなって体力も、年々変わっていきます。とはいえ、家は一生に一度か二度の大きな買いものです。古くなったから、合わなくなったからといって、洋服や靴を買い替えるようなわけにはいきません。

いっぽうで家族の歴史が積み上げられてきた家には愛着もあります。住み慣れた愛着のある家を、工夫を凝《こ》らして、自分仕様にカスタマイズしていくというのも、住まいを楽しむひとつの方法です。

仕事や趣味ではなかなか妥協しないのに、人生の大部分を過ごす住まいだけは「とりあえず」のままというのは、どこかおかしなバランスです。

ぜひみなさんにも、「居心地のよい住まい」の暮らしを味わっていただきたいと思います。

さあ、住まいのリセットを始めましょう。

もちろん、リフォームや建て替えをしないと解決できない構造上の問題もありますが、小さな改善策を積み重ねて「住み心地のよさ」を手に入れる方法は、たくさんあります。

第二章からは実際の方法やすぐにできるノウハウを、具体的に述べていきたいと思います。

第二章

部屋がみちがえる「視覚のマジック」

「フォーカル・ポイント」を理解する

インテリアには「視覚のマジック」とも呼べるようなテクニックがいくつかあります。それを知っているのと知らないのとでは、差が大きく出るものです。

なかでもフォーカル・ポイントは、インテリアを効果的に演出するために、なくてはならない概念と言えます。

フォーカル・ポイントとは、第一章で述べた通り、ある閉じられた空間のなかで自然に視線が行く場所のことです。

たとえば、扉を開けて部屋のなかに一歩入ったときに、まず目に入る場所が、最初のフォーカル・ポイントです。第一印象を決めるフォーカル・ポイントがセンスよく整っていると、部屋全体の印象がぐんとよくなります。

また、フォーカル・ポイントになる場所に「見せ場」をつくり、自分の好みの演出をすることで、部屋全体を個性的に見せることができます。

私は、住宅を設計する際、あらかじめフォーカル・ポイントとなる場所に、見せ場をつくり込みやすいスペースを必ずつくっておくようにしています。その場が用意されていれば、よりインテリアの効果が高まる住宅になり、住む人が簡単に好みのインテリアを楽しめるようになるからです。

■即効性のあるテクニック

すぐにはリフォームや新築の予定がない場合でも、「視覚のマジック」を理解して応用すれば、いま現在住んでいる住宅のインテリアのレベルアップは充分図《はか》れます。

住まいの「機能性」の土台となる、動線と収納の話をするまえに、なぜこのフォーカル・ポイントの話をするかといえば、それが、いますぐ、部屋の印象を変えることができる、もっとも簡単な方法でもあるからです。

住まいを効果的にリセットするには、土台づくりから順を追ってやっていく必要がありますが、「手っ取り早く自分の部屋の雰囲気を変えたい」、あるいは、「近々の来客に備えてとりいそぎ、ひと部屋だけ整えたい」、そんなときには、フォーカル・ポイント（そして、この章の後半で述べるアイ・スポットやブラインド・ゾーン）の知識は、おおいに役立つことと思います。

■いまの住まいの「フォーカル・ポイント」チェック

フォーカル・ポイントに着目したり「見た目」を意識したりすることは、空間を読む力を養うことにもつながります。これはインテリアの基本として押さえておきたい知識とテクニックでもあります。

フォーカル・ポイントの使いかたを知っておくと、インテリアがとても理解しやすくなるのです。

■玄関で何が見られているのか？

まずは、客観的に自分の家を見る目を持つことです。

他人の目には自分の家がどう映るのか、謙虚に見直してみることで、思いもよらなかったことに気がつくかもしれません。

自分の家をはじめて訪問する人になったつもりで自宅の現状をチェックしてみます。

まずは玄関です。実際に、一度外に出てから改めて玄関を見直してみるとわかりやすいです。はじめてあなたの家を訪れた人が、最初に目にするものはなんでしょう？壁に掛かった絵でしょうか、それとも清楚に生けられた花でしょうか？もしかすると、まず目に飛び込んでくるのは階段かもしれないし、下駄箱に入りきらず、靴が入ったまま積み上げられた靴箱かもしれません。段ボール箱が折りたたまれて玄関の片隅に置いてある家もあるでしょう。

玄関の場合、ドアを開けた正面がフォーカル・ポイントですが、それにもかかわらず、横手に、飾り棚を兼ねた下駄箱が備えつけられている家がよくありますし、そこに置物や花が飾られている家も多く見受けられます。ですが、玄関の横手というのは、じつは訪問者にとってほとんど目に入らない場所なのです。

そのうえ、いちばん目につくフォーカル・ポイントが乱雑だったり、そっけない壁だったりしたら、訪問者はそれを「家全体の印象」として受け止めてしまいます。

せっかく花を生けるのであれば、「効果的な見せ場」となりうるフォーカル・ポイントに飾って、目を引きつける空間にし、家全体の雰囲気をよくすることを考えます。

2 テレビのジレンマ

住まいの主役は訪問者ではなく、そこに住んでいる人です。住人にとって心地よい場所であることが、何よりも大切です。

毎日過ごす場所だと、人間の目は慣れきってしまって、その場所が見えているのに見ていない状態になります。あまりにあたりまえすぎて客観視できなくなっていて、快適なのかそうでないのかにさえ鈍感になってしまうことがあるのです。

「自分の目は、いつも家のなかで、何を見ているのか?」

このように意識して改めて見直せば、思わぬ発見があるはずです。

■動くフォーカル・ポイント

家のなかのフォーカル・ポイントは、人の動きに連動して移動します。

移動すれば、あるいは立ち位置が変われば、それにしたがってフォーカル・ポイン

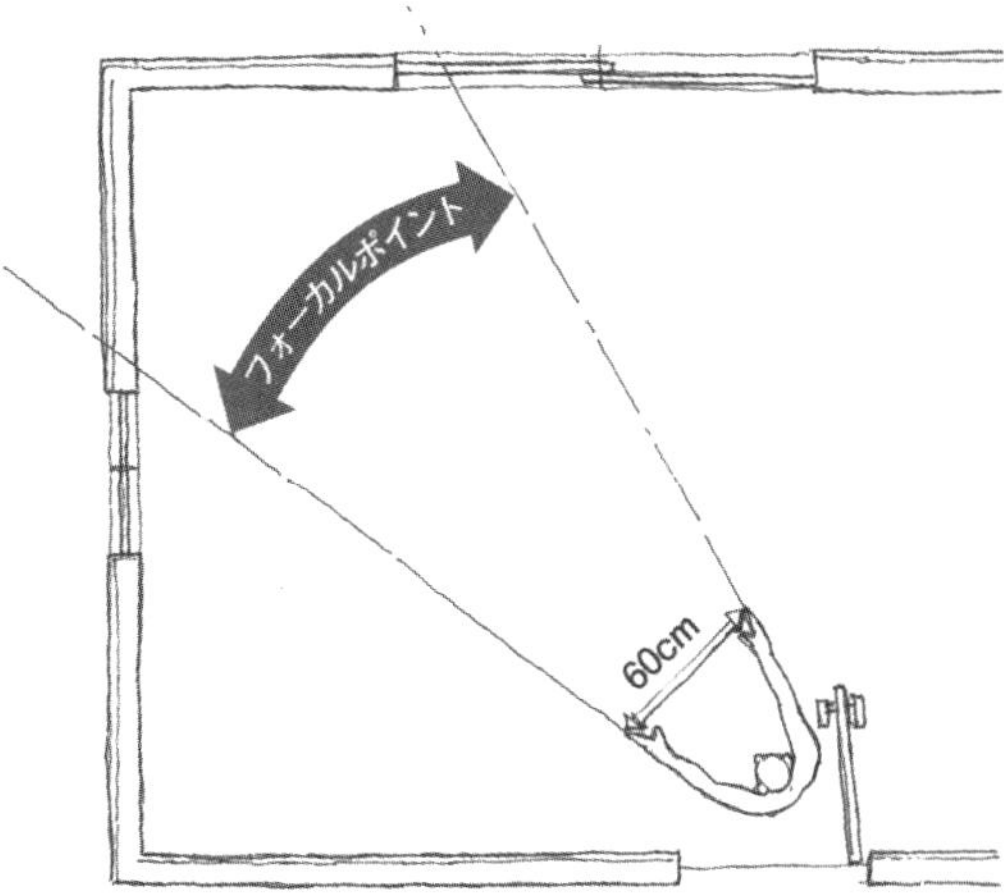

トも変わります。

玄関に入ったときは、真正面がその家の第一のフォーカル・ポイント。

廊下を歩いているあいだは、目線の先にくる場所がフォーカル・ポイントになります。

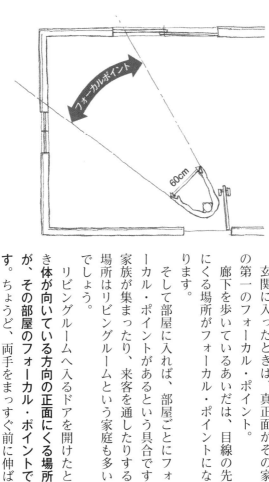

そして部屋に入れば、部屋ごとにフォーカル・ポイントがあるという具合です。家族が集まったり、来客を通したりする場所はリビングルームという家庭も多いでしょう。

リビングルームへ入るドアを開けたとき**体が向いている方向の正面にくる場所が、その部屋のフォーカル・ポイントです。**ちょうど、両手をまっすぐ前に伸ば

して、両手の平を約六〇センチメートルくらい離してつくった扇状の延長範囲になります。（前のページの図参照）

ドアが部屋の隅《すみ》にある場合は、その対角線の先がフォーカル・ポイントになることが多いと思います。

■テレビは王様？

リビングで最初にチェックするのは、次のことです。

フォーカル・ポイントに、テレビを置いていないか？

設計の依頼を受けると、私はまず、どこに何があるか、「いまの住まいの現状」をクライアントと一緒に細かく見ていきます。

すると驚くほど多くの家庭で、リビングのフォーカル・ポイントに、テレビ台にのったテレビを置いていることに気づきます。「部屋でいちばん重要なインテリアのポイント」が、テレビの定位置になっているのです。

フォーカル・ポイントは、その空間の印象を決定づけます。

思い切って、テレビの場所をフォーカル・ポイントからはずしてみると、部屋が新しく生まれ変わります。

テレビ以外でも、リビングルームは生活の中心であるだけに、雑多なもので散らかりがちです。しかし、フォーカル・ポイントに置いてあるものが、部屋全体の印象を左右するのですから、新聞や雑誌を乱雑に積み上げた棚や、洗濯物を掛けるハンガーパイプではいけません。

以下は私が考える、「フォーカル・ポイントに置かないほうがいいものリスト」です。思い当たるものはないでしょうか?

□テレビ
□プラスチックのごみ箱や収納かごといった無機質なもの
□背の高い本棚など、圧迫感があり、雑多に見えるもの

□違和感のある色味、素材の家具、小物
□エアコンや換気口
□カレンダー

■インテリアは調和がいのち

同じ視界に入る場所に置く家具や小物は、同じような素材や色味にすると統一感が生まれてまとまった印象になります。

私は、住まいのインテリアは、できるだけ自然素材（有機物）のものを使うようにしています。それは、自然からできているものは体にやさしいだけでなく、それぞれの素材の持つ質感が調和して美しい空間を生みだすことができると実感しているからです。そんななかで、テレビやエアコン、プラスチック製品といったものは、少し違和感を生みだしやすいと感じます。

ほとんどの家具が自然の木の色で統一されていたとしても、もしフォーカル・ポイントに、ほかとテイストの違う、黒いキャビネットが置いてあったとすると、その黒がこの部屋の印象になってしまいます。

3 フォーカル・ポイントの助っ人「アイ・スポット」

企業の受付スペース、レストランの入口、旅館やホテルのロビー、ファッションビルなどのメインエントランス……。このような場所には、何かしら目につくものが飾ってあるのに気づいたことはないでしょうか。

ライティングされた企業のロゴマーク、フラワーアレンジメントや絵画、クリスマスツリーなどの季節にちなんだオブジェ。どれもみな、人の目が自然と向けられるフォーカル・ポイントに視線を釘付《くぎづ》けにするための「見せ場」となっているはずです。

私はこの見せ場を「アイ・スポット」と呼んでいます。

■人の視線をとらえる手法

空間のなかで、自然に視線が行く場所が「フォーカル・ポイント」であるのに対して、こちらから見せたいもの、見てほしいものをつくり込んで、視線を強制的に引きつけるのが「アイ・スポット」です。センスのよいアイ・スポットがフォーカル・ポイントに置かれていれば人の目を充分に引きつけることができ、部屋全体をそのイメージで印象づけることができます。

一般的な日本の住宅の場合、ほとんどのスペースがあまり大きくないので、フォーカル・ポイントはおのずと決まります。

しかし、商業施設や企業ビル、あるいは欧米の家など、空間が広いところではフォーカル・ポイントが定まりにくいという性質があります。

そこで活用されているのが、アイ・スポットです。

大きなクリスマスツリーを飾る。上質なソファとその上方の壁に飾った絵画のコーディネートで空間を演出する。こうした具合に、広すぎてフォーカル・ポイントが定まらないときにアイ・スポットをつくって人の目を引きつけ、それを最初の印象にする工夫をしているのです。

アイ・スポットには、自分の家全体の象徴となるもの、来客にいちばん見せたいもの、何より自分自身が目にしていて心地よいものを飾ります。

4 おかえりなさいの家

招いた人から「早く失礼しないと悪い」と思われてしまうような家は悲しいものです。訪ねてきた人が、家族の一員のように迎え入れられていると思えるような部屋にすることは、もてなしの一部ではないでしょうか。

フォーカル・ポイントにしあわせ、心地よさ、安らぎを感じるものを置くと、その部屋はあたかも、「おかえりなさい」と言ってくれているような部屋になります。

さて、あなたの家にはそんな印象があるでしょうか？

■気持ちをなごませるアイ・スポット

映画やテレビドラマにはしばしば、リビングにたくさんの写真が飾られている光景が登場します。幼かったころの、あどけなくかわいい子どもたち。大切な行事で正装した家族。両親の古めかしくも初々《ういうい》しい結婚写真。ペットと遊ぶ一家そろっての休日の姿。私が訪ねたことのある海外の家庭でも、家族の写真はたいてい、リビングのフォーカル・ポイントに飾ってありました。自然に視線が集中する空間に、「わが家のしあわせ」を象徴するものが飾られ、アイ・スポットになっているのです。

赤ちゃんが生まれたときの感動。「ああ、よかった」と家族が喜びに包まれた瞬間。写真は、そのときのしあわせな空気をよみがえらせるために置いてあるような気がしました。

アイ・スポットは、来客のためだけのものではありません。

家族を「おかえりなさい」と出迎えてくれるアイ・スポットは、よりよい住まいづくりの大切な要素です。

長い旅行から戻ってくると、「やっぱり、うちがいちばんいい」と言う人はたくさんいますが、家が「おかえりなさい」と言ってくれるような場所なら、毎日帰宅するたびに、そんな気持ちになれます。

「ああ、わが家に帰ってきた。ほっとする」――ささやかですが、大きな喜びです。

仕事で疲れていても、外で何かいやなことがあっても、家に一歩入ったとたん、体の力を抜いてくつろげる、そんな豊かさを備えた住まいにしたいものです。

5 写真でできる住まいの自己診断

フォーカル・ポイントとアイ・スポットを、「はじめてこの家を訪れた来客」になったつもりで見ても、まだ見落としているところはたくさんあるものです。

頭ではわかっていても、見慣れた家のなかを客観的に見るのはなかなか難しいことだからです。そんなときに役に立つのが、部屋のなかを写真に撮ってみるという方法です。

用意するのはスマホやカメラだけ。この場合、インテリア写真を撮る際に使う広角レンズは、とらえる範囲が広くなるので、適しません。ごく普通のカメラで作業します。

① リビングのドアを開け、そこから見えるフォーカル・ポイントを撮影する。

②写真のなかのフォーカル・ポイントには何があるかよく見て、分析する。

写真を撮ったら、大切なのはじっくりと見ること。写真は、肉眼で見ているときより客観的に観察できるので、これをもとに住まいの自己診断ができます。それぞれの部屋のフォーカル・ポイントに、どんなものがあるか、見ていきます。

たとえばリビングの場合、飾り棚やその上にのせた雑貨、エアコン、時計、窓とカーテン、カレンダー、別の部屋のドアも写っているかもしれません。手前にテーブルや椅子《いす》があったとしても、この場合のフォーカル・ポイントは立っているときの目の位置が基準ですから、意外に手前や下のほうは見えていないことに気づくでしょう。

■自分の住まいを客観的に診断する

写ったものを見ると、家のなかにいかにものがたくさんあるか気づき、驚く人も多いでしょう。

「ないほうがいい」と思うものを丸で囲む

写ったものすべてが「見せたいもの」ではないと気づいたら、次のプロセスに移ります。

③ 写真のなかで「ここにはないほうがいい」と思うものを丸で囲む。

写真をプリントして、直接、写真に丸印を書き込んでいきます。

プリントができなければ、該当する品物をメモ用紙に書きだしてもいいでしょう。

■空間のリセット

処分するのか、置き場所を変えるのか

はあとで考えるとして、まずは「ここにはないほうがいいと思う」ものを別のところへ移動させ、「見せたくないものがない状態」に空間をリセットしてみます。

④ 実際に、丸をつけたものをいったん取り除いてみる。

これで、フォーカル・ポイントはいくらかすっきりするはずです。ここから、ようやく暮らしを居心地よくするための空間づくりが始まります。

同じ手順で、家中の部屋のフォーカル・ポイントの写真を撮って、分析していきます。

6 「自分の定位置」から見えるもの

どんな家庭でも、家族それぞれが座る「定位置」があるはずです。食事をするとき、あるいは食後にくつろぐとき、家族のだれがどこに座るか、あるいは訪問客があれば、その人の座る場所もある程度決まっているのではないでしょうか。それぞれの「定位置」からのフォーカル・ポイントを確認しておきましょう。

■自分の「いつもの場所」に座った状態で、目に入ってくるものは何か？

食事のときやくつろいでいるとき、自分がいつも何を見ているかチェックします。メモをとるのもいいでしょう。私がクライアントとやりとりするときは、紙に書きだしてもらうことにしています。

ひょっとすると、フォーカル・ポイントに扇風機を置いて食事をしていた、あるいは開け放したリビングのドア越しに、廊下に置いたゴルフ道具を視界に入れてお茶を飲んでいた、などという人もいるかもしれません。ベランダにあるエアコンの室外機に視線がつい行ってしまうような位置に座っている人もいるでしょう。

■自分をしあわせにしてくれるものを見る

逆に自分の定位置から目に入るものが、自分が大切にしているものや好きなものだったらどうでしょう。

「もうすぐ定年だし、これから夫婦ふたりの暮らしになるから」とリフォームの依頼をしてきたEさん夫婦の場合、夫がコレクションしている貝殻がたいへんな量でした。

「これ、どうしたらいいでしょう?」と、貝殻のしまい場所に悩んでいるようでした。せっかくの美しい貝も、隠してしまったら、二度と日の目を見ることはないかもしれません。

「しまうのではなく、リビングに飾りましょう」

私がこう提案すると、夫のEさんが俄然、はりきりはじめました。ほとんどの家庭がそうであるように、それまで、リフォーム話には妻のほうが積極的だったのです。

貝殻を飾るガラスの戸棚を夫が座ったときのフォーカル・ポイントに置いて、いつも目にすることができるようにしたことで、さまざまな場所に旅して貝殻を集めた昔の思い出がよみがえってきたそうです。

「来客のたびに、貝殻をきっかけに話に花が咲いているんですよ。リフォームを私まかせにしていた夫が、いまではいちばん喜んでいます」

夫人が笑いながら、あとからこう教えてくれました。

ささやかかもしれませんが、「貝殻を飾る」という夫の〝好き〟をかたちにしたことが、Ｅさん夫婦らしい住まいをつくるきっかけになりました。

パーソナルな感覚を出すことには、ためらいがつきものです。それでも、改めて自分と向き合ってみると、「好きなもの」がもたらしてくれる幸福の大きさを感じられるようになります。

年齢を重ねた人や男性こそ、改めて「自分の好きなもの」を見つめ直すと、何か発見があるのではないかと思います。

7　家族や来客のフォーカル・ポイントも知っておく

ひとり暮らしなら、「定位置」のチェックは一回でかまいません。しかし、ふたり以上の家族、あるいはときどきでも来客があるのなら、「自分以外のフォーカル・ポイント」も把握しておく必要があります。

■自分以外の家族、あるいは来客の定位置から目に入るもの

いつも座る場所が決まっていると、住み慣れた家なのに、席を替えるとまるで違う眺めだということは多々あります。

日当たりのよい二階をリビングにしていたある夫婦の例です。

ダイニング・テーブルの妻の席から見えるのは、中庭に植えられた木々の葉や、窓辺に並べられた観葉植物のプランターでした。涼しげに木々が揺れるようすを見なががら食事をしたり、ゆっくりとお茶を飲んだりするのはとても気持ちがよく、居心地のよさを感じて満足しています。

いっぽう、妻と向き合ってテーブルに座る夫のほうはどうかといえば、じつは、妻が背にしているオープンキッチンが丸見えになっていました。

朝の忙しい時間につくった朝食をとるときは、片付けられていない調理器具が見え、気ぜわしい気持ちが増幅されます。また、キッチンの奥の窓越しに、隣家の洗濯物も目に入ります。

同じテーブルに座り、同じように食事をしていても、ふたりが目にする光景はこんなにも違っていたのです。

もう一度、自分以外の家族や来客のフォーカル・ポイントを確認してみるのもよさそうです。

8 ブラインド・ゾーンは息抜きゾーン

フォーカル・ポイントとはどのようなものか理解できたところで、もうひとつの視覚のマジックも、使いこなせるようになると、とても気が楽になります。

空間には、フォーカル・ポイントとは性質がまったく逆で、「あえて意識しないと目に入らない場所」が必ずあります。

その空間で死角になって目に入らない場所を、私は「ブラインド・ゾーン」と呼んでいます。

■幅の広くない廊下は飾るより収納に

ブラインド・ゾーンは飾ってもあまり効果がない代わりに、多少散らかしていても大丈夫な場所です。どんなところかといえば、たとえば幅の広くない通過するだけの廊下です。

玄関から入り、部屋に向かって廊下を歩くとき、人の視線は廊下の突き当たりにある壁や部屋の入口に集中しており、両横の壁はあまり見ていません。タペストリーなどで飾ってもそこはブラインド・ゾーンであり、視線が行かないことがよくあります。

ここで発想を転換し、廊下というブラインド・ゾーンに奥行きがない浅い収納スペースを配置してみてはどうでしょう。視線は行かない代わりに家族のだれもが通る場所ですから、共有で使うものをしまうのには適しています。

■息抜きゾーンはあなたの味方

部屋のなかにも必ずブラインド・ゾーンはあります。家具の陰、入口のドアの横の壁は、ほとんど視線が行かない場所です。フォーカル・ポイント同様、立っているときの目の位置を基準とするので、足下にもブラインド・ゾーンはあります。

私の場合は、寝室のブラインド・ゾーンで息抜きをしています。

寝室のフォーカル・ポイントは、思い出の写真や照明スタンドなどで演出していますが、ブラインド・ゾーンとなると話は別です。

ベッドと壁のあいだの小さなスペースにかごを置き、部屋着にしているTシャツを脱ぎ入れたり、前の日に使ってバッグに入れっぱなしだったハンカチを放り込んだり、一時的な置き場所としています。忙しいときはそんな調子です。

しかし、ベッドカバーを整え、フォーカル・ポイントさえ整頓してあれば、疲れて帰宅しても、寝室に入った瞬間、うんざりすることはありません。

ブラインド・ゾーンにある洗濯物や、クローゼットにしまわなければいけない服はまったく目に入らないので、「ああ、早く片付けなくちゃ。脱ぎっぱなしでだらしない」と感じたり、「家に帰ってきてほっとするどころか、汚くてうんざり」と、ストレスをためたりせずに済みます。

かごに丸めて入れたTシャツやハンカチは、時間のあるときに、まとめて洗濯機まで運べばいいだけの話です。

完璧な家は理想ですが、完璧ではなくても息抜きの場所を知っていれば便利です。

9 ポイントずらしの技

少し上級なテクニックとなりますが、意図的にフォーカル・ポイントをずらすこともできます。

フォーカル・ポイントに置かざるを得ないけれど見せたくない。そんなものの手前や左右にアイ・スポットをつくって、強制的にフォーカル・ポイントをずらすという、これも、視覚のマジックを利用する方法です。

たまたまリビング・ダイニングの入口から見えるフォーカル・ポイントに、キッチンなど、乱雑になりがちな、あまり見せたくないものが配置された間取りだとします。リフォームの予定がない限り、動かせないケースです。

そんなとき、入口からフォーカル・ポイントまでを結ぶ視線を一本の線として意識し、そのライン上の手前側にアイ・スポットをつくるのです。目線の位置に葉っぱが広がるグリーンを置くというやりかたが、いちばん簡単だと思います。

こうすると、入口に立ったときの人の視線は、実際のフォーカル・ポイントであるキッチンにたどり着くまえに、アイ・スポットとして巧みに配されたグリーンで止まります。背後のキッチンは、あまり目につかなくなるのです。

同様に、テレビや換気口、隣の部屋に続くドアなどがフォーカル・ポイントにあるときは、アイ・スポットをつくって、本来のフォーカル・ポイントを左右の壁にずらす、という方法もあります。

この場合、アイ・スポットをつくる場所が見せたくないものに近すぎるのは効果がありません。見せたくないものが同じ視界に入らないぎりぎりのところまで持っていくのがコツです。

「フォーカル・ポイント」「アイ・スポット」「ブラインド・ゾーン」。この三つを使いこなせば、明日から気持ちのよい部屋をつくることも不可能ではありません。

第三章

短い動線で時間を生みだす

1 住まいづくりの三つの法則

第一章で、**住み心地のよい家**を実現するために不可欠な条件は、機能性と精神性の充実という話をしました。

それらを充実させるための三つの要素が「動線」「収納」「インテリア」です。

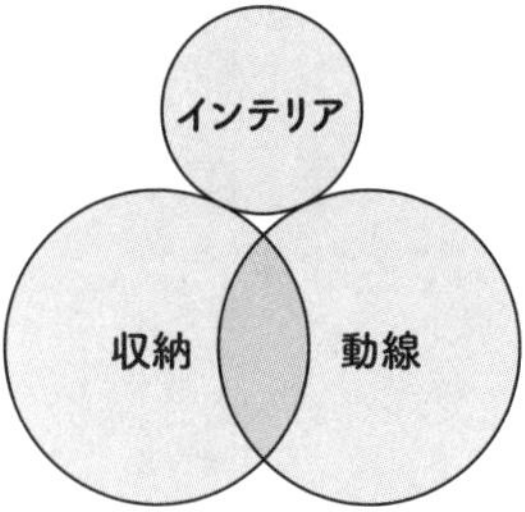

収納と動線がうまく組み合わさって、くぼみができたところにインテリアが安定してのっている状態が、居心地のよい住まいの必要条件なのです。

たとえば朝起きて、寝室を出て、トイレに行って、洗面所に行って顔を洗って……という具合に、人は家のなかを移動して生活しています。この移動のラインが「動線」です。

食事の準備をするために、台所で手を伸ばしてものを取りだしたり、かがんで片付けたり、冷蔵庫まで足を運んだりという動きのラインも「動線」です。

家のなかの移動が少なくて済む「動線」、すっきり片付く「収納」、そして暮らしを楽しむ「インテリア」の黄金のトライアングルが完成すると、「住み心地のよい家」が完成するのです。

法則① 短い動線
法則② 適所適量の収納
法則③ 自分らしいインテリア

この三つは、どれかひとつが欠けても住み心地のよい家にはなりません。

逆に言えば、ひとつひとつ着実に確立していけば、いつのまにか三つとも達成できて理想の住まいになっているのです。

前章で説明したフォーカル・ポイントのコンセプトを理解して、視線のマジックに気づいた人は、手っ取り早く、部屋の模様替えができたかもしれません。でもそれは、あくまで一時的なものです。すぐにでもインテリアにとりかかりたいと思うかもしれませんが、焦《あせ》りは禁物。ここでちょっと立ち止まり、住み心地のよい家の法則①「短い動線」に戻って日常生活を見直してみてください。じつは、それが、満足するインテリア達成への近道なのです。

■「動線」は、人の動きの軌跡

長年同じ家に住んでいると、不便だと思いながら、あるいは不便にもかかわらずそうと気づかずに生活している場合がままあります。

生活しにくく、効率の悪い動きをしなければならない家でありがちなことですが、間取り（プラン）の悪さ、つまり、家のなかの複雑な動線が、暮らしに無駄を強いているのです。

動線を見直してプランを立て、それに沿ってリフォームした私のクライアントのなかには、リフォームしてはじめて、以前の住まいでは気づいていなかった複雑に絡まった動線に気づき、シンプルになった動線で暮らすことの快適さを実感できたという人が多くいます。

動線を調整し、間取りのねじれをただすと、

①生活のなかで無駄な動きが減り、時間の効率がよくなるというメリット

そして、動線上の最適な場所に効率的な収納を設けることで、

②片付けを意識しなくても、自然に片付き、散らからなくなるというもうひとつのメリット

が、生まれます。

もし、家事効率がよく、片付けが楽な家にしたいのであれば、収納スペースだけをむやみに増やしても意味がありません。片付けを意識しなくても片付くようにするには、動線と収納がリンクしてよい関係になっていることが大切です。

また、いくらきれいにフォーカル・ポイントをつくり込んでも、無駄に動きまわらなければならない家は決して心地よい住まいにはなりません。

動線という「住まいの土台づくり」をすれば、暮らしに余裕が生まれます。第三章では、いま住んでいる家の「動線」をチェックし、暮らしの効率アップを図ります。

2 住む人が主役の家

ずいぶんまえから「リフォーム・ブーム」と言われつづけ、自分仕様に家を改造するのは、もはや珍しいことでもなんでもなくなりました。この間、不動産会社、建築会社、設備メーカーをはじめ、さまざまな業種がリフォーム市場に参入し、いまでは、リフォームを思い立った人には、ありとあらゆる選択肢が用意されています。

もし、リフォームを考えているなら、先に挙げた三つの法則（73ページ参照）を念頭に置いて、自分らしく住むことのできる家づくりを目指しましょう。

■自分に合わせた家にする

自分らしく住むためには、意識的に「自分優先」の住まいを計画することが大事です。

これまでは、マンションにしろ、建て売りの一戸建てにしろ、「お仕着せ」の家に自分の生活スタイルを合わせる住まいかたが長く続いてきました。

しかし、中古住宅のリフォームをしてみると、これまでの「普通」がいかに住む人に無理を強いていたかを痛感します。

階段を一日に何度も昇り降りしなければならなかったり、夫婦ふたりだけの生活なのに部屋が細かく区切られ、使いようがなくて物置になっていたりと、複雑な動線のために、窮屈で無駄の多い生活を送っていた例をたくさん見てきました。

なるほど、同じような形態の住宅が相当数供給されてきたのですから、ここへきて、リフォームの必要性が高まり、リフォーム・ブームが長く続いているというのもうなずけます。


リフォームは、土台や柱など構造部分を有効に活用して、住まう人の生活に家を合わせていくという、ローコストでエコロジカルな手法です。いわば、ようやく**「住む人が主役の家」の時代**がやってきたのです。

私たちの生活様式は、時代や家族構成の変遷とともに変化していきます。

仏間や客間など「特別な和室が必要」という概念がスタンダードでなくなったのは、

言うまでもないでしょう。小さなリビングと日ごろ使わない和室があるなら、ゆったりしたひと部屋を確保したほうがいいと思う人も多いはずです。

また、「家事＝女性の役割」で、「台所＝女の城」だった時代も過ぎ去りつつあります。家族のだれもが家事に参加するのがあたりまえの時代です。とすれば、みんなが家事に参加したくなるようなキッチンにつくり替えることは、理にかなっています。

住まいは生きかたを表現する場所です。

大げさに思われるかもしれませんが、どんな家に住みたいかは、どんな生きかたをしたいかに大きくかかわっています。

自分らしい住まいかたを見つけるには、動線を点検するのがいちばんの近道です。「動線を見直すとは、暮らしそのものを見つめ直す」ことだからです。

3 洗濯動線を見直す

「洗濯物はどこで干しますか？」

これは動線を考える際に私が最初にする質問です。

洗濯は、食事のしたく同様、ほぼ毎日する家事で、しかも、わりと大きな移動がともなうので、私はこれを、動線を考えるときの基準にしています。

最近では、乾燥機やユニットバスの「浴室乾燥」を使って、家のなかで洗濯物を乾かす方も多くなっていますが、「洗濯物はやっぱり外干ししたい」という人が一定数いることも事実です。外干し派の家では、洗濯動線が長くならないように、間取りを慎重に考える必要があります。

たとえば二階建てで、一階にリビングやキッチンと、洗面所や浴室など水まわりがある家は、たいてい二階に寝室や物干し台があるのではないでしょうか。

この場合、洗濯するのは一階、干して、とり込むのは二階ということになります。

このような家をリフォームする場合、洗面所と浴室を思い切って二階に持っていく提案をすることがよくあります。

二階にお風呂、というと最初は抵抗をしめす人もいますが、着て、脱いで、洗って、干して、たたんで、しまう——これらぜんぶを階段の昇り降りをせずにできてしまうことの効率のよさは、体験してみればわかります。しかも、それぞれの作業をするための移動距離が短くなればなるほど楽になり、短時間でできるようになります。

また、洗面所と寝室が同じ階にあると、朝晩の身じたくがとても楽にできるようになります。動線を整えるとは、「短時間で、日々のやるべきことをこなせるようにする」ことにほかなりません。

■パジャマは家中をめぐる

現在の自分の洗濯動線をパジャマを例にとって考えてみましょう。朝、パジャマを脱いでから、次に着るまで、家のなかを何歩歩いているでしょうか？

左図の空欄に、行動の場所と歩数を記入して動線の長さを測ってみてください。

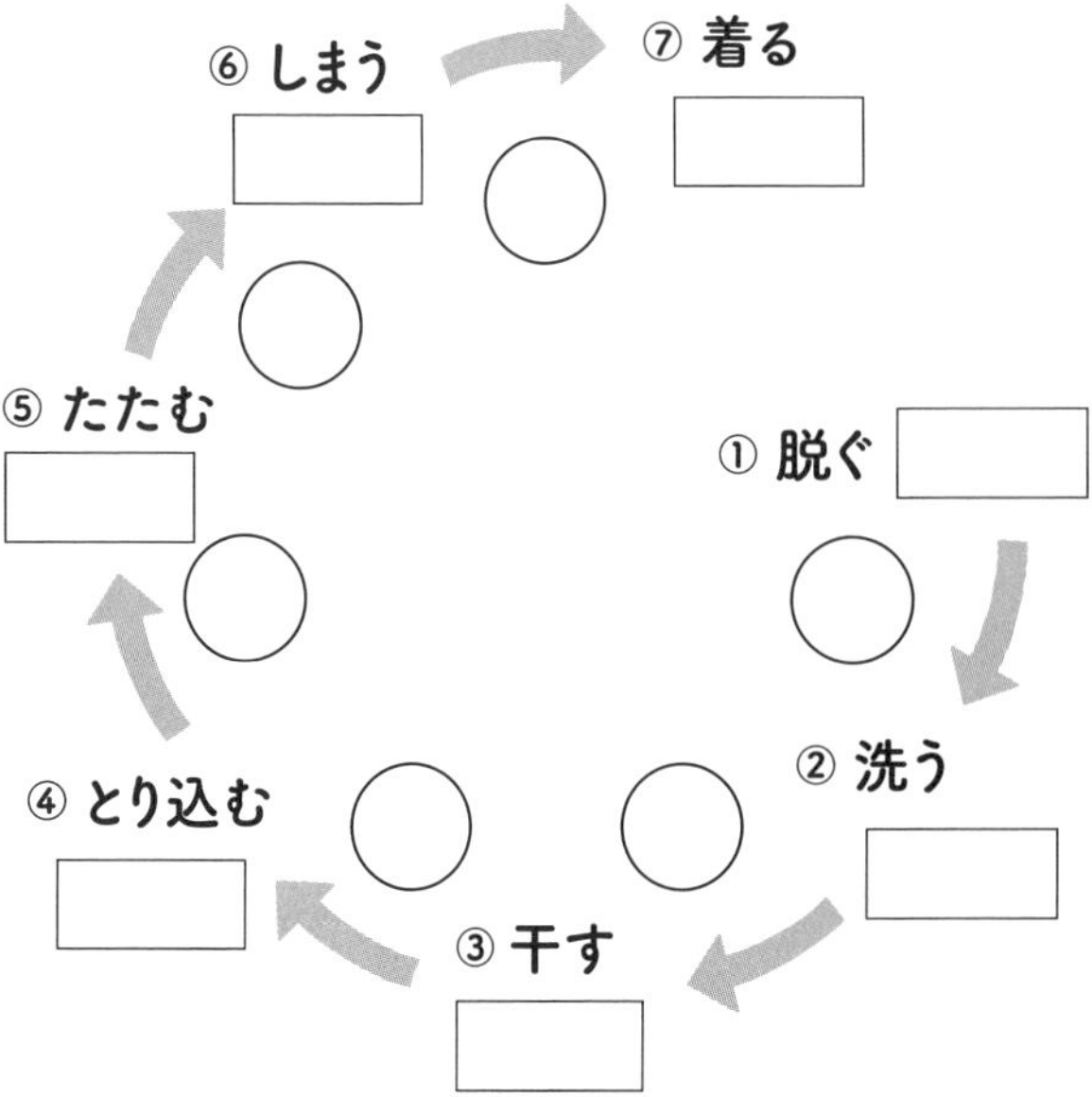

□ に場所を記入する
○ に歩数を記入する

合計

場所の数 □ か所
歩数 ○ 歩

隣り合った行動の場所が同じなら、歩数は 0 歩

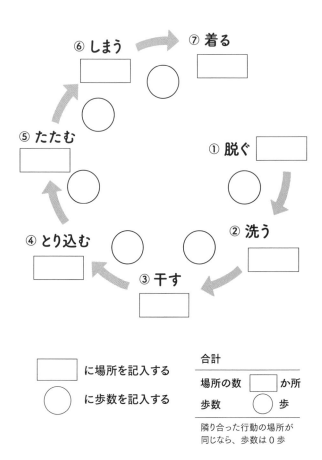

4 動線は連係プレー

さて、あなたは、パジャマのために何歩歩いていたでしょうか？

ここで問題になるのは、「洗う場所」と「干す場所」、そして「しまう場所」の関係です。これらが近ければ近いほど、歩数が少なくなるのは当然です。

洗う場所から干す場所に行くのに階段を昇る移動が必要だったり、たたんだものをめいめいの部屋に運ぶのにも移動しなければならなかったりすれば、歩数も多くなり体への負荷も大きくなります。もしもリフォームで間取りを変えるなら、できる限り動作の「場所」と「場所」を近づけ、移動を少なくしたいものです。

とくに年をとってからのことを視野に入れてリフォームする場合には、将来、体がいまほど思うように動いてくれなくなることを想定して、肉体的な負担を減らすような効率化を図りたいものです。とはいえ、階段やベランダ、洗面所の移動はリフォームでは限界があるかもしれません。でも、あきらめることはありません。

5 しまう場所の決定権は「動線」に

作業のしかたや干しかたで、動線を短くすることはできます。

たとえば、Kさんは、二階のベランダに洗濯物を干していますが、ベランダにちょっとした作業台をつくり、そこにかごを置いてとり込みながらたたんでしまいます。

かごは、しまう場所の数だけ用意し、たたみながら、しまう場所ごとに分類していくのです。

かごをひとつにするなら、大きめのものを選び、遠い場所にしまうものからたたんで底のほうに入れていけばよいでしょう。しまう場所が同じもの同士を近づけて干すというアイデアもよさそうです。

（例）Kさんのパジャマ動線

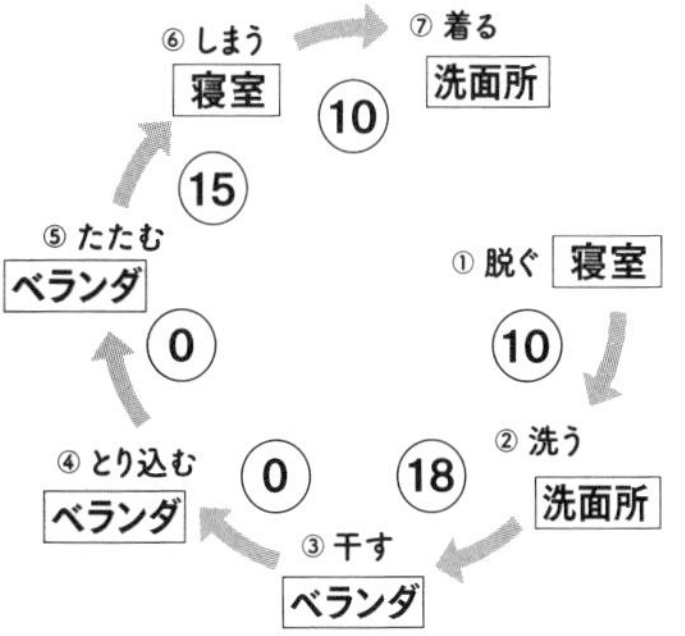

合計

場所の数	5	か所
歩数	53	歩

そうすれば、たたむときの分類が楽です。

干す場所でたたむので、③干す、④とり込む、⑤たたむが、すべてベランダでの作業になって、その間の歩数はゼロになります。

前述したように、最近では洗濯物を外に干さないという人も増えてきました。

共働きで夜に洗濯をしたい人や、花粉や空気の汚れが気になる人は、ユニットバスの「浴室乾燥」を利用して浴室内に干したり、そもそも洗濯物は干さないという選択をする人もいます。洗濯機の上に電気やガスの乾燥機を設置したり、最初から乾燥機と一体になった洗濯機を置くのです。

こうなると、さらにパジャマの動線は短くなり、②洗う、から、④とり込む、場合によっては、⑦着る、までほとんど歩かなくてよくなり、洗濯という家事にかかる時間もずいぶん短くなります。じつはこのように干す場所の縛りがなくなると、プランの自由度も高まります。

わが家では、夕食が終わったあとの十五分間を、リビングで洗濯物をたたんで、しまう時間と決めていました。子どもたちは、洗濯物の山から各自、自分のものをピックアップして、たたみ、自室に運ぶというやりかたです。

「お母さん、Tシャツやズボンはたたまなくても、ハンガーに掛けたままでよくないかな？　そのままクローゼットに掛けておいたほうが、どれを着ればいいかすぐわかるし」

こんな提案をしてきたのは、たたむのが下手だった小学生のころの息子ですが、試してみると理にかなっていました。「ぜんぶはたたまないルール」で時間効率はだいぶよくなりました。

■しまうところが着るところ

さらに楽になる動線短縮法は「しまう場所」の見直しです。

たとえば、しまう場所と着る場所を同じにすること。

日中着る服については、ほとんどの人がそうしていると思います。

では、パジャマや下着などはどうでしょうか？　しまってあるのは、洋服の置いてある場所と同じという人も多いのでは？

洗面所に、タオルや浴室で使うもののストックだけでなく、下着やパジャマまであれば、お風呂に入るときに、下着を部屋へ取りにいくことなく、洗面所へ直行することができ、動線の無駄がなくなります。

翌日、脱いだパジャマは、洗うにしろ、もう一回着るにしろ、着替えが済んだ部屋に置きっぱなしにせずに、その足で、身じたくのついでに洗面所へ。こうすれば、今夜も洗面所に直行できます。

わが家でこのことを思いついたのは、当時小学四年生だった娘です。マンションからいまの家に越してきて、自分の部屋と洗面所が遠くなったために、娘はしょっちゅう階段をばたばたと昇り降りしていました。そんな生活のなかで、この方法を思いついたのだそうです。

子どもたちの柔軟な発想には、思いもかけない発見があるものです。小さなアイデアで毎日の暮らしがとても楽になりました。

私はこの何かをついでにやるときの動線を「ついで動線」と呼んでいます。

リフォームをしなくても、小さな引き出しを洗面所に置き、家族のパジャマや下着を一か所にしまうようにするだけで、動線を短くすることは可能です。

■スペース問題の解決

しかし、確かに動線効率はよくなるかもしれないけれど、ここで、問題が起こるとすれば、洗面所にパジャマや下着までしまうような場所がないということでしょう。

多くの家庭では、洗面所が洗濯スペースを兼ねています。浴室の手前に洗面台と洗濯機と脱衣所があるレイアウトです。とても引き出しを置くスペースなどなさそうです。

このような家のリフォーム相談を受けたとき、私は思い切って「洗濯機を洗面所から追い出してしまいましょう」と提案することがあります。

そこにできたスペースに床から天井までの収納をつくってしまう場合もありますし、洗面カウンターを広くして、大きな鏡を取りつけ、ゆったりと気持ちよく使える場所につくり直すこともあります。

洗濯機は洗面所からはずしても、洗面所から干す場所までの動線上にあれば、動線の長さは変わりません。それよりも、洗面所の収納スペースを広くするほうが、より効果的に生活が改善されるのです。

6 動線のスタート地点は洗面所

これほどまでに、私が洗面所の改善・改革にこだわるのは、そこが、家族みんなの空間利用率の高い共用スペースでありながら、ひとりひとりが非常にパーソナルな行動をするスペースでもあるという点で、心地よい住まいになるかどうかの鍵をにぎっているところだと考えているからです。

とくに古いマンションなどの場合、洗面所はかなりコンパクトにつくられています。しかし、ここは、思いのほかさまざまな生活行動をする場所です。

入浴のための着脱衣、洗濯、そのほかカウンターでは、歯磨き、手洗い、うがい、ドライヤーで髪を乾かす、髪の毛のセット、化粧、コンタクトレンズを着脱し、めがねに掛け替える、切花を生ける、洗面ボウルでセーターを洗う、などなど。

いまや洗面所は、生活の質を変える、身だしなみを整える空間になっているのです。そして、ここでするのは、裸になったり、歯を磨いたりといった、きわめてパーソナルな行動です。

この**身じたくのための空間が住まいのなかの適切な位置にあって、快適さを満たしていることも、心地よい日常生活につながる**のです。

とはいえ、これだけの行動を一か所でするとなると、それぞれの行動に必要な道具をしまう場所が必要になってきます。さらに、洗剤やタオルなどは、ストックも必要です。

ここが、収納と動線のバランスを必要とするところなのですが、具体的な収納スペースの増やしかたについては、次章「収納の科学」で述べることにします。

7

身じたく空間を寝室の近くに

以上のような、「洗面所の身じたく空間化」を考慮して、動線を改めて見直すと、**水まわりはできるだけ、寝室に近づけると住まいやすくなる**ことがわかります。

たとえば、二世代住宅の設計で、完全に生活を分けないという場合でも、私の事務所で設計するときは親世帯の部屋のどこかに洗面コーナーを設置するようにしています。これが、案外お互いの生活からストレスをなくす秘訣にもなるからです。

まず、洗面所の混雑緩和になりますし、就寝時に入れ歯をはずして保存液に浸《つ》け置きしたり、朝早く起きたりするのにもだれにも気兼ねがいりません。自室で使ったコップなどをすぐに洗うこともできます。

何よりも、来たるべき介護生活を見据えたとき、介護する側にとっても、される側にとっても、気持ちも体も楽になるのではないでしょうか。

また、来客が使うトイレには、手を洗ったり、帰りがけに化粧直しができる小さな洗面カウンターをつけるようにしています。こうすれば、家族が使う洗面所に来客を案内せずに済みます。

■身じたくルーム構想

小さな子どもがふたりいて、夫婦ともに働いている。そんなクライアントの家づくりで、洗面所のとなりを着替え室（ファミリークローゼット）にしたこともあります。寝室の奥に着替え室をつくり、洗面所と着替え室は引き戸を開けるとひとつの大きな身じたくルームになるというプランです。

忙しい夫婦は一か所でたくさんのことができるようになりました。子どもをお風呂に入れ、着替えさせる。朝、歯を磨かせて保育園の制服に着替えさせる。自分の身じたくも「家中の衣類管理」も一括して洗面所（着替え室）で行います。

さらに、洗面所の外に物干しスペースを設けたことで、「洗う」「干す」「しまう」が効率よくできるようになりました。

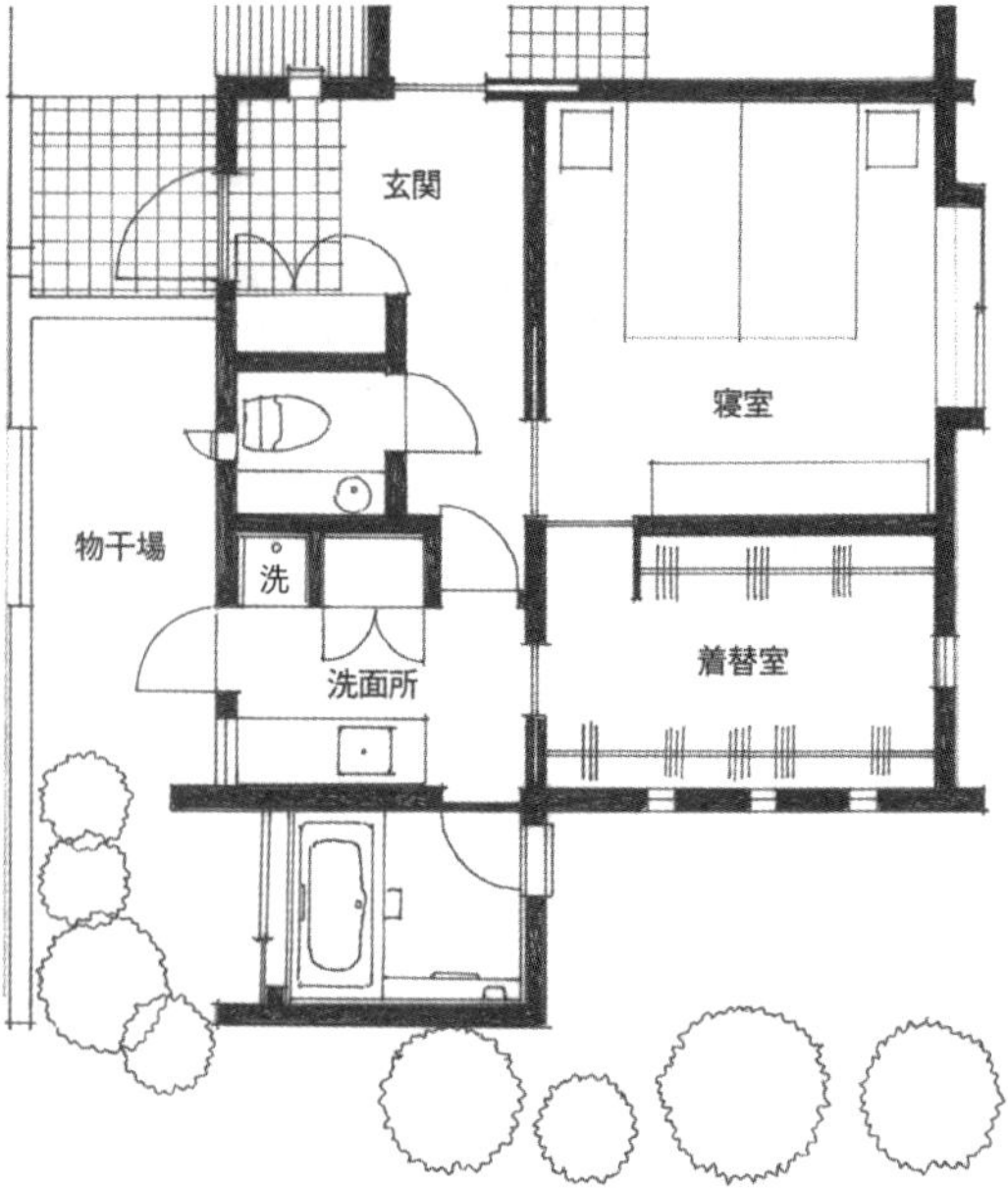

洗濯機のスイッチを入れるのは妻の役目、干すのは夫の役目という役割分担も可能になります。
出勤前のあわただしいなか、二階のベランダまで洗濯物をかかえて行って干すのは面倒ですし、時間もかかりますが、洗濯機のすぐ横に物干し場も物干し道具も用意されていれば、干す作業はほんの十分でできます。
もし、洗濯物は外干しをせずに乾燥機で、という家庭ならここでの「干す」と「とり込む」も省略されます。

乾いた洗濯物のうち、たたまなくていいものは、そのまま着替え室にあるクローゼットに平行移動。タオルや下着は、たたんだそばから洗面所内にあるリネン収納庫にしまえます。

ここでの動線は、「限りなくゼロ」に近づきます。

家事はほんとうに時間がかかります。

「家のなかを無駄に歩きまわるのは、人生の浪費にも通じる……」

「効率よく暮らして空《あ》いた時間に好きなことをしたい」

私はそう感じるのですが、いかがでしょうか。

8 コックピットのようなキッチン

動線というものが空間移動である以上、立体的に考えることも大切です。

私は学生たちにも雑誌などの取材でも「キッチンの理想形は、コックピットです」と説明しています。

すべての機能がコンパクトに収まっており、手を伸ばす、ちょっと振り返る、その程度の動作で、あらゆる用が足せるように装備されているキッチンが、もっとも使い勝手がいいと自身が実感しているからです。

□キッチンカウンターの調理スペースから電子レンジまでの歩数は？

□キッチンのシンクから冷蔵庫までの歩数は？

□キッチンのシンクから、ごみ箱までの歩数は？

この答えが、どれも○～二歩以内に収まるのがコックピットのようなキッチンです。

■ダイニング・キッチンの良し悪《あ》し

一九七〇年代に、公共住宅に組み込まれて登場したダイニング・キッチンは、食事をつくるのと食べるのをひと部屋で済ませることができるだけでなく、それまでの日本住宅では一緒だった寝食を分離させました。日本人の生活に画期的な変化をもたらしたと言われるスタイルです。

しかし、この間取りは、ダイニング・テーブルによって、キッチンが分断されてしまうという状況も生みだしました。そのため、ダイニング・テーブルの背後に置かれた食器棚まで皿を取りにいったり、配置によっては、冷蔵庫にある野菜や肉などの食材もダイニング・テーブルのまわりを何歩も歩いて取りにいかなければならないということにもなるのです。また、電子レンジなどの家電が増えると、その置き場も問題でした。

■キッチン・リフォームの考えかた

キッチンのリフォームでは、まずこの点を改善することがポイントです。

間取りまでは変更できない場合、キッチンを高密度収納の床面までぎっしりしまえ

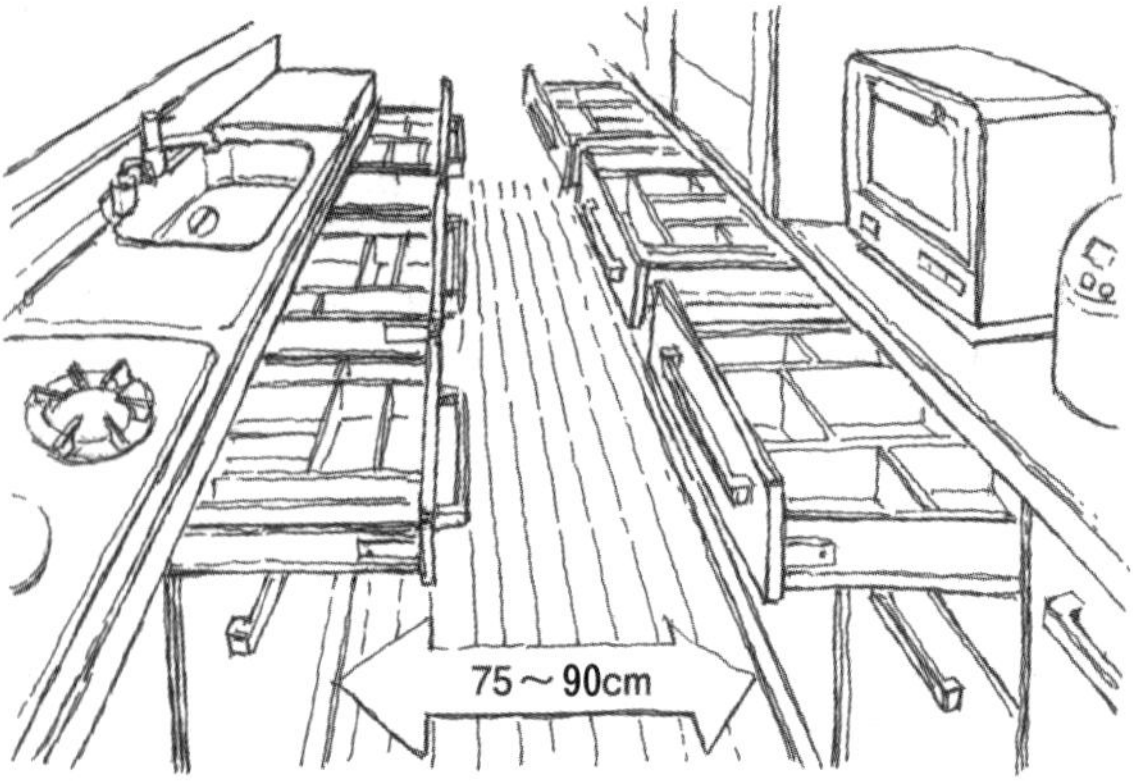

る引き出しタイプのシステムキッチンに取り替え、食材も、盛りつける大皿も、調理作業の工程で使うものは、できるだけキッチン側に入れることです。

家全体の間取りを変える場合は、ライフスタイルにもよりますが、キッチンの前面はオープンにして、ダイニング・テーブルに向かう、対面式と呼ばれるかたちのリフォームを提案することが多くなりました。

対面式だと家族間のコミュニケーションもとりやすく、キッチンでの孤独感もなくなります。さらに、背面をすべて食器や食材の収納スペースにすれば、振り

引き戸に隠れる背面収納

戸を閉めればすっきりとした壁に

返ってほんの一歩で、すべてに手が届きます。

キッチン側と背面の収納スペースの距離というのは、じつは思った以上に狭いほうが便利です。

電子レンジを使うのも、洗った食器を片付けるのも、ほとんど歩かないでできるほうがいいのです。

私は、ひとりで台所を使う場合の、キッチンとその背面の収納棚のあいだの効率のよい距離を七五センチメートル前後とし、ふたりで使う場合でも、九〇センチメートル以内で設計しています。

対面式のキッチンカウンターの場合、背面に収納があると、ダイニングの側から収納棚のなかのこまごましたものが見えてしまっていやだという場合には、収納の扉を全面引き戸にして、隠してしまう方法もあります。スクリーンのような効果です。引き戸を閉めてしまえば、戸棚ではなく、すっきりとした壁になります。

最近では、夫婦が一緒にキッチンを使うのはあたりまえですし、「子どもも一緒に料理をしたい」という要望も増えてきました。

そのため、大きなキッチンをＬＤＫの真ん中に据えたり、アイランド型の作業台のまわりを回遊して作業ができるようなキッチンにしたりするなど、家族みんなで立てるキッチンをつくることもあります。

「個」を大切にする時代だからこそ、キッチンが、家族のコミュニケーションを担う大切な場所に変わりつつあるのだと感じます。

とはいえ、もちろん「無駄に歩きまわることのない効率的なキッチン」であることが重要であることには変わりありません。

9 使う人の体に合わせて動線を整える

Mさん夫婦から、リフォームの依頼を受けたときのことです。

夫はまもなく企業勤めを終え、定年を迎えるにあたって、意気揚々としていました。地域の友だちも多いし、スポーツのサークルにも入っている。旅行も好きで、世界遺産を見てまわりたいという意欲的な方です。

そんな夫のMさんのほうから、こんな申し出がありました。

「いままでは料理なんかしたことがなかったけれど、定年後は家にいる時間が長い自分が料理をしようと思う」

男性の料理がブームになっていましたし、リフォームにあたって夫婦でキッチン・メーカーを見てまわったことで、興味が出てきたようでした。

夫より五歳年下の妻はまだ働いていて、やはり定年までは仕事を続ける予定とのことです。

私は、Mさんの積極性と、新しいことに挑戦する意欲に感心したのですが、そのためにはキッチンのリフォームにひと工夫が必要なことに気づきました。

妻は身長一五三センチメートルと小柄ですが、夫は一八〇センチ。これまで、ほとんど妻だけが使っていたキッチンは、カウンターの高さが八五センチのものだったのです。

たとえば、シンクや作業スペースの高さ。標準値の八五センチは、妻にはちょうどよくても、夫が作業しようとするとかがまなければならず、持病の腰痛を悪化させかねません。そこでキッチン全体の高さを、五センチ上げることにしました。

高くなったぶん、妻には台所で少し厚底のスリッパを履いてもらう。さらに夫には下駄型のまな板を使ってもらう。そんなことで解決しましたが、もうひとつの提案として、食器洗い機を組み込みました。

このときMさん夫婦は、贅沢ではないかと逡巡《しゅんじゅん》していたのですが、リフォーム後、ふたりから「毎日毎食の食器洗いから解放されたことによって、いかに時間が生まれたか。それに、かがむ姿勢がつらい腰痛持ちの夫にとって、強い味方になっている」とのメールがきて、私も「よかった!」と思いました。食器洗い機は、時間を生みだす強力な助っ人《と》です。

ごみ箱は、調理台の下にあれば、料理中でも一歩も歩くことなくごみ捨てができます。オープンキッチンではなく、前面に壁があるなら、電子レンジを目の前の壁に吊ってしまうのもひとつの方法。移動歩数ゼロ、振り返る必要すらない究極の設置場所となります。

キッチン動線の三つのポイントを押さえておきましょう。

ポイント① 手を伸ばせばこと足りる動線は効率がよい
ポイント② 動線は、収納の工夫で改善できる
ポイント③ 体格に合った動線を考える

動線全般について理解していただいたところで、いよいよ第四章では、動線をさらに効率よくする収納について書いていきたいと思います。

第四章

収納は科学

1　収納が家を広くする

■悩みのたね

設計を引き受けるとき、「まずクライアントの暮らしを理解し、住まいに対する考えかたを共有するために時間をかけてヒアリングをする」というのが、私のやりかたです。

新築でもリフォームでも、現状の家のようすを聞いたうえで、どんなふうに暮らしたいか、どんな家に住みたいかを聞くことにしています。

やりとりしていくうちに、話は住まいのことだけでなく、日常の生活ぶりにまでおよびますが、クライアントが自分のことを話してくれるようになればそれだけ、設計はうまくいきます。

そんななかで、**リフォームを考える人に限らず、新築しようとする人も、困っていること、いわゆる「家ストレスのナンバーワン」は、収納の問題です。**収納について話題にならないことは、まずありません。

「ものが散らかる」「片付かない」「ものがありすぎて、しまう場所がない」

これらは住まいの定番の悩みです。

取材を受けると「収納のコツを教えてください」と必ず言われます。

書店に行けば「収納のヒント」といった本がたくさん並んでいます。テレビ番組でも頻繁に特集されますから、リフォームを考えていてもいなくても、たくさんの人が、収納に関する悩みをかかえていることがわかります。

■片付かないのはあなたのせいじゃない

それでは、片付かない原因、収納がうまくいかない原因は、なんでしょう？

「私は片付けがほんとうに下手《へた》で。ものが捨てられないいんです……」

収納がうまくいかない原因、家が散らかる原因は自分の家事能力や性格にあると決めつけてしまう人もいます。

しかし、仕事柄多くの家を見てきましたが、収納に関しては、個人の性格以上に、その家の間取りや収納方法に問題があることのほうが、はるかに多いのです。

「片付かないのは、あなたのせいではありません」
私はいつも、声を大にしてこう言います。

収納は科学です。

「捨てなくても大丈夫です。片付けなくてもいつも片付いている家をつくりましょう」

こう自信たっぷりに言えるのも、新築でもリフォームでも、いままでに設計した家は、その後いつ訪ねていっても、ものがあふれていることがないからです。

たとえ急な来客でも、あるいは、夫しか家にいないようなときでも、ブラインド・ゾーンのコンセプト（66ページ参照）を心得た人たちは、効率的に整えた収納スペースをうまく利用して、さっと人を迎えられる状態にすることができるようになるのです。

こういった経験から、私は、収納の科学を学べば、家のなかがいつも片付いている状態が保てるのだと確信するようになったのです。

いくつかの法則とテクニックを知って、しまう場所をリセットし、しまう量をリセットすれば、住まいは自然に片付きます。

■空間を増やすマジック

「居住スペースを犠牲にしてまで、やたらと収納を増やす必要はない」「ものを減らすのがいちばん」、という考えの人もいますが、そうできない人がいるからこそ、いつまでも収納の悩みはなくならないのではないでしょうか。

私は、極力捨てずに片付く方法を提唱しています。というのも、じつは、収納には、「空間を増やす」というマジックがあるからです。

私が提案したい「高密度収納」は、限られた収納スペースのなかに、棚を増やしてスペースを生みだす方法。有効活用できる面積を増やすのです。

言い換えれば、床面積を増やすマジックです。

「高密度収納こそ、狭い家を広

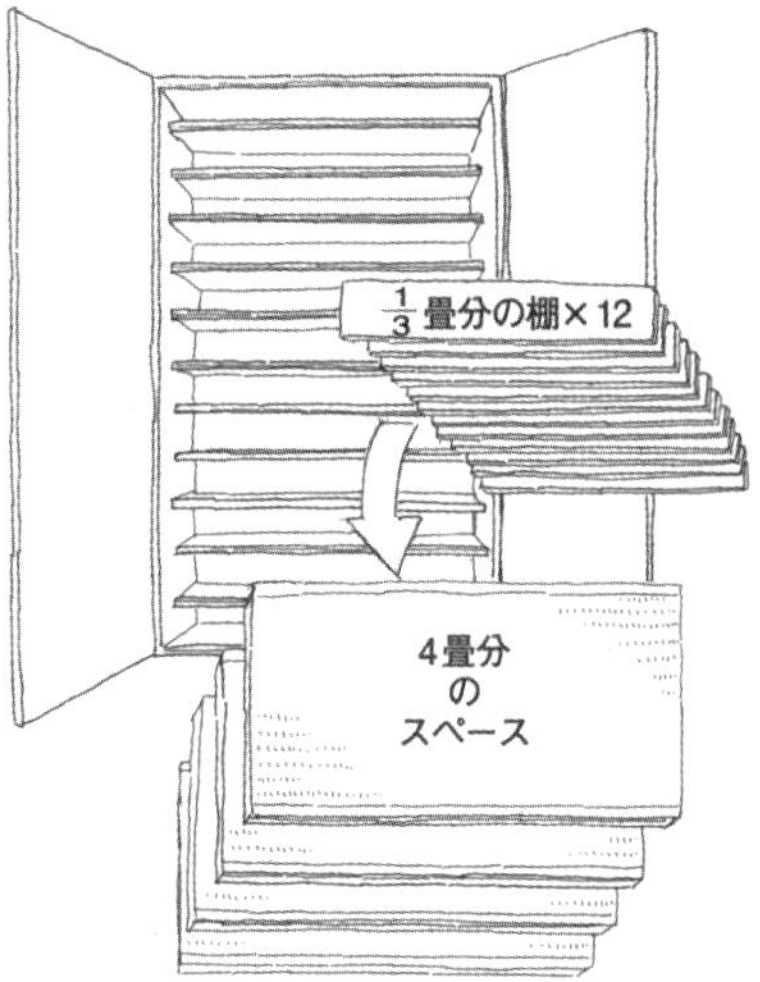

く使うコツ」というのが私の家づくりの極意です。

たとえば、幅一八〇×奥行き三〇センチメートル、ほぼ三分の一畳程度の面積のスペースに収納をつくるとします。

床から天井までの高さが約二四〇センチあったとすると、そこには高さ二〇センチの棚を十二段つけることができます。すると収納スペースは床面積にして三分の一畳の十二倍、約四畳分もの広さということになります。


逆説のようではありますが、居住スペースをほんの少し犠牲にすることで大きな収納スペースが生まれ、結果としてその家は生まれ変わる。これが私の設計者としての収納の考えかたです。

この第四章では、第三章で学んだ「動線」をさらに短くする収納の科学について、順序だててお伝えしていきます。

2 収納を科学する

収納は、片付けではなく「科学」です。
収納の科学には、ふたつの法則があります。

① 適所の法則
② 適量の法則

「適所の法則」を理解して収納を見直せば、住まいのストレスをなくすことができます。「適量の法則」にのっとった住まいにするには、「ものを選別したりまとめたりする」、あるいは「収納スペースを増やす」という「改革」も必要です。

このふたつの組み合わせで、「片付けなくても片付く家」が手に入るのですが、まずは適所の法則から見ていきましょう。

3 適所の法則① 動線を考えて置く場所を見直す

収納の第一の法則は「適所の法則」です。「使う場所にものがある」――よく言われることではありますが、とにかく、これを徹底させることです。

動線の例で述べた、パジャマや下着を洗面所にしまう、というのも、この法則からきています。「パジャマや下着は寝室にしまうもの」という思い込みを捨てて、動線にしたがって置くべき場所を見直せば、使い勝手のいい収納場所が見えてきます。

■その部屋で使うものは、その部屋に置く

リビング、ダイニング、キッチン、寝室、浴室、洗面所、玄関、それぞれの部屋ですることはだいたい決まっています。

わかりやすい例では、玄関は何をするところかといえば、あたりまえですが、靴を脱ぎ履きするところです。ですから玄関には靴があり、その靴をしまう靴箱を設ける場所としては、玄関が「適所」になるのです。

それ以外に玄関ですることといえば、寒い時期には、コートを脱ぎ着しますし、マスクをつけることなども挙げられます。つまり、コート掛けや、マスク置き場などの「適所」も玄関と考えることができます。

玄関での行動は、みな似たようなものですが、たとえば、アイロンがけをする場所は、人によって違います。リビングやダイニングでかける人、寝室でかける人、あるいは家事室を設けている人もいるかもしれません。

どんな場合でも、「生活行動に合った場所に必要なものを置く」という原則にのっとって定位置を決めていくと、シンプルな収納が実現し、片付きやすい家になります。
「使う部屋からしまってある部屋までものを取りにいく」
「使い終わったら、別の部屋にしまいにいく」

というように、行動する場所から、その行動に必要なもののある場所が遠くなればなるほど、片付けることにストレスを感じ、ものが散らかる原因にもなり、家事効率も下がります。これは前章の動線の話にも通じます。

たとえば、小皿や箸、カトラリー類、湯のみ茶碗は、キッチンにある食器棚ではなく、ダイニング・テーブルから近い収納が便利です。

座っている位置から近い場所に収納してあれば、家族に配膳を手伝ってもらう際もスムーズです。食事中、「もう一枚、小皿が欲しい」とき、わざわざキッチンまで行かなくても取りだすことができます。

■ものの住所を決める

「使う場所の近くに、ものの住所を定めること」が鉄則です。

改めて、自分の家のなかで何がどこにしまわれているか見直してみます。

私が設計しながらクライアントに尋ねる「適所診断用」のチェックリストは大まか

に次のページのようなものです。

以下のa～eのなかであてはまるものがあれば、「診断」の欄に記入しましょう。

a　よく出しっぱなしになっている

b　家族によく場所を聞かれる

c　いざ使おうと思ったとき、しまってある場所が遠く感じる

d　出すのが面倒に感じる

e　よく行方不明になる

記入していくと、それが家のなかでどんな扱いを受けているかわかります。それらは収納場所を見直す必要があるものということですから、自分の家のなかで「適所」と思われる場所を考えてみてください。

迷ったときは、①使うところ、②使うところの近く、③使うところへ行くまでの動線上、のいずれかが正解です。

「適所診断用」チェックリスト

	物	診断
1	帽子や手袋	
2	家人のコート	
3	客用のコート	
4	ハンカチ、ポケットティッシュ、サングラス	
5	ジムなどに持っていくスポーツタオル	
6	マスクや使い捨てカイロ	
7	紙袋（ストック）	
8	古新聞、古雑誌	
9	荷造り用テープ、はさみ、紐	
10	家族共用の文具類のストック	
11	家族の診察券	
12	病院の領収書	
13	爪切り、耳かき、絆創膏、体温計	
14	化粧品	
15	文具、筆記具	
16	便せん、封筒、はがき、切手	
17	家電関係の説明書	
18	家関係の書類	
19	子ども関係の書類	
20	工具	
21	裁縫箱	
22	薬箱	
23	アルバム	
24	アイロン、アイロン台	
25	ビデオ、カメラ	

	物	診断
26	家族で使うプリンター	
27	替えのクッションカバー	
28	箸、カトラリー	
29	取り皿	
30	昼寝用ブランケット	
31	テーブルクロス、ランチョンマット	
32	生ゴミ用のゴミ箱	
33	びん、缶、ペットボトル置き場	
34	本	
35	食料品のストック	
36	毎日は使わない調理用具	
37	客用おしぼり	
38	花びん	
39	パジャマ	
40	下着	
41	タオルのストック	
42	洗剤のストック	
43	ボックスティッシュ、トイレットペーパー（ストック）	
44	掃除機	
45	季節外の寝具	
46	季節で使う暖房機や扇風機	
47	避難リュック	
48	電球（ストック）、電池（ストック）	
49	スポーツ用具	
50	子どもの学校用具	

a. よく出しっぱなしになっている　b. 家族によく場所を聞かれる　c. 場所が遠く感じる
d. 出すのが面倒に感じる　e. よく行方不明になる

4 適所の法則② 家族が協力しやすい収納

前ページの「適所診断用」チェックリストで、**aよく出しっぱなしだったり、b家族によく「どこにあるの?」と場所を聞かれたり、e行方不明になることが多かったりする**のはたいてい、「住所不定」のものです。

置き場所が決まっていないために、使いっぱなし、置きっぱなしになっているケースがほとんど。しょっちゅう、どこにあるかもわからなくなります。

■住所を家族に周知する

体温計、爪切り、耳かき、絆創膏、はさみといった「家族みんなが使う小さなもの」にこそ、住所が必要です。

ひとり暮らしなら、自分がわかるようにしまう場所を決めておけば済みます。しかし、もしふたり以上で暮らしているなら、自分ひとりが住所を知っていても意味がありません。住所を決めたら、それを家族全員が知ることが大事です。

「使ったら必ずここに戻す」

この収納の約束は、家族の協力なしには成り立たないものですから、ルールとして徹底させる必要があります。

収納の悩みをかかえている主婦は、たいてい「片付かないストレス」をひとりで背負い込んでいます。「私は片付けが下手なんです」と、罪悪感を抱いている人さえいます。しかし、片付けはひとりの責任ではありません。

だれかが置きっぱなしにしたものを片付けることをひとりの仕事にするのではなく、「使ったら戻す」というルールを家族で徹底しましょう。これは、みんなが快適に住まうための、家族の思いやりのルールでもあります。

■めいめいの収納セット

私は、子どもが小さなころから「住所の徹底」にはずいぶん協力してもらいました。電池やセロハンテープ、消しゴムやフェルトペンといった文具小物はもちろん、ボタン付けやつくろいものといった家事をまとめてできるように、「取れたボタンの置き場所はここ」「アイロンをかけてほしいシャツの置き場所はここ」と事細《ことこま》かに決めて、それを守ってもらったのです。

小さな子どもでも守れたのは、置き場所が決まった引き出しや、わかりやすい場所だったからだと思います。迷子になりやすいもの、よく使うものは、みんなの目について、わかりやすい場所を住所にすると協力が得られやすいでしょう。

わが家では、廊下に小さな引き出しがたくさんついた薬箪笥を置き、電池、文房具、爪切りなど家族みんなが使うものの〝住所〟にしています。

また、洗面所には天井までのリネン収納庫を設置し、前述の通り、タオルはもちろん、家族全員ぶんのパジャマや下着を置いています。

マイかごで整理した
リネン収納庫

収納棚にかごを入れ、ひとりにひとつ、下着入れのかごを割りあてています。下着用の同じかごが、家族の人数分。そこにめいめい、自分の下着を収納します。パジャマについては大きめのかごが、ひとりにひとつずつあります。

こまごまとした小物も、各自のかごに入れ、使うときだけ洗面台の上に持ってきて、使い終わったら戻します。夫のかごにはひげそり道具、長女のかごはヘアブラシやピン、私は化粧品といった具合です。子どもたちが小さいときから、日用品を自分で取りだし自分で片付けられたのは、この「マイかご」のおかげだったと思っています。

だれのものかあいまいなもの、共有であっても〝住所〟があいまいなものは、置きっぱなし、出しっぱなしになり、やがて家族全員が「どうでもいいもの」と見なすようになります。そんなものが積み重なると「乱雑に散らかった場所」が誕生します。

■割れ窓理論に学ぶ

「割れ窓理論」というのがあります。ひとつの窓ガラスが何日も割れたままになっていると、だれもその建物に関心を払っていないサインとなり、ほかの窓ガラスを割ってもいいだろうと思われたり、盗みに入っても大丈夫と見られたりして、泥棒被害に遭いやすいというのです。そうされないための方策は、最初に割れた窓を放置せず、すぐに補修することです。

「割れ窓理論」は、住まいに対する考えかたにもあてはまります。**テーブルの上に雑誌が置きっぱなしになっていると、ほかのだれかもそこに本や雑誌を置きっぱなしにするようになる。「まあいいや」が積み重なって、いっそう乱雑になります。これはごくあたりまえの人間心理のなせる業《わざ》なのです。**

家族とはいえ、自分のものは自分で責任を持って管理するというルールをみんなが守ることが大切です。**共有のものには〝住所〟を決め、各自が使うものはマイかごに入れて責任管理。というようにして、あいまいさを排除していきましょう。**

家族全員が「出したらしまう」を、普段の行動の一部にしてしまう。これが片付けなくても片付く家にする最大の秘訣です。

それを徹底させるには、これまで例を挙げてきたように、マイかごや、動線効率のよいしまい場所など、**家族が協力しやすい収納にする工夫**が大事です。

5 適量の法則

第二の法則は「適量の法則」です。

新築やリフォームのときの収納計画を立てる際、現状のものの量を把握して必要な収納スペースを確保するのは鉄則ですが、このときに気をつけることは、家族構成がどのような状態の時期に、収納の照準を合わせるかということです。

■家族の成長と人員構成を考える

家づくりをしていて経験的に感じているのは、「家も生きている」ということです。夫婦ふたりの生活でも、ものは少しずつ増えますが、子どもがいるとその子が成長するにつれ、家のなかのものは加速度的に増えていきます。子どもが高校生くらいになり、私服の量が増えると、それに合わせて身だしなみにかかわるものの量が一気に増え、洗面所や靴箱の中身が増殖し、所狭しとはみ出してきます。

おそらくこのころが、家族の持ちものが最大になる時期でしょう。ただそのことは、子どもが小さいうちには意外と気づかないものです。したがって三十代、四十代の家づくりでも、子どもがいるのであれば、その子たちがある程度のおとなになったときのことを想定した収納計画を立てる必要があります。私は、子どものいる家庭の設計では、下足入れと洗面所のリネン収納庫はある程度のゆとりを持たせるようにしておきます。

しかし、さしあたって、新築やリフォームの予定はないけれど、あふれるものの置き場所をなんとかしたいという場合、収納スペースに合わせて「ものを捨てる」のは、たいへんなストレスです。

適量とは、「ものの量と収納スペースの容量が合っている」状態ということですが、「ものを捨てる」ことがなんの苦もなくできる人だったら、そもそも収納で悩むなどということはないでしょう。なんとか「ものの量に合わせてスペースを増やす」ことも考えたいと思います。

6 適量を増やす① 棚

限られた床面積で収納量をアップさせるには、まず「収納内部の棚を増やすこと」です。

飛行機のなかで、客室乗務員が機内食を運ぶカートには、たくさんの棚があり、隙間なくびっちりと、食器トレーが入っています。

収納にもこの方法を採用します。「収納スペースが足りない」と嘆いている人は、まず空間を最大限に使うことを考えてみるとよいでしょう。

最初のポイントは、収納スペースの棚をチェックすることです。

□収納内部を隙間なく使っているか？

仕事柄、たくさんの収納相談を受けますが、「収納スペースが足りない」と言う人

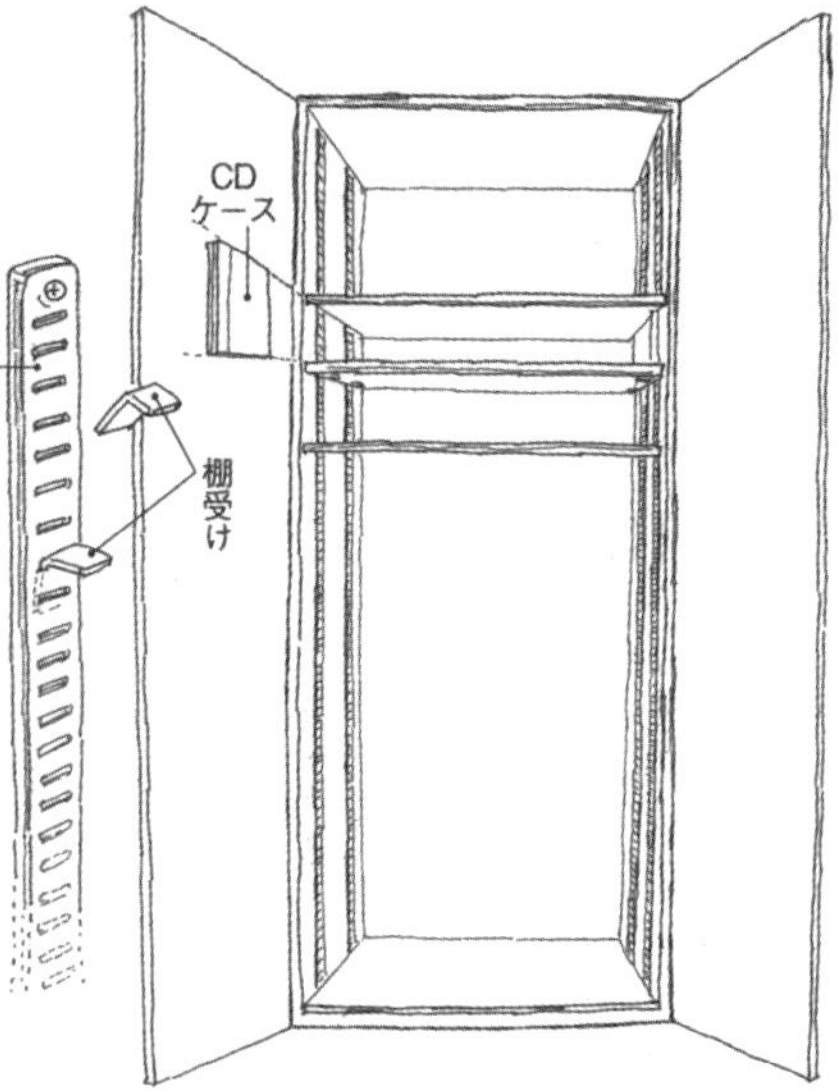

のほとんどが、収納スペースの上部に無駄な隙間《すきま》をつくっています。

空間が空いていたら、その場合は棚を追加すればいいのです。上のほうに空きがある縦長の棚が三段あったとすれば、それを六段にして、隙間なくものを入れれば、収まるものの量、空間稼働率は倍になります。

自由に棚の位置を調整できる可動棚は、わりと簡単につくれます。ホームセンターなどで、棚柱《たなばしら》と呼ばれる、棚受けを差し込むステンレスのレールを四本購入し、収納内部の壁に取りつければできあがりですが、そこまでしなくても、ちょっとした工夫をすれば棚は手軽に増やすことができます。

たとえば、いまある棚の両端にCDケースや同じ幅の板材を置いてかませ、棚板をのせるだけでも、棚が一段増えます。この際の板材や棚板は、ホームセンターで売っている「ポリ合板」と呼ばれるもので充分です。サイズを伝えれば、何枚にでも切ってくれるうえ、値段も手ごろなのでおすすめです。

棚は簡単に増やせる

そうしてできた棚のなかには、奥行きが合う、引き出せる収納ボックス、かご、帆布《はんぷ》ボックスなど、使い勝手のいい入れものを効率よく組み合わせて入れるのがコツです。これで、機内食カートのような高密度収納のできあがりです。

7 適量を増やす②　仕切り

思うように棚が増やせない場合は、隙間をなくすためにものを立てて収納するように工夫してみます。縦長で薄型の容器を並べて、縦に長いものを収納します。奥行きが深い収納スペースもしかりです。ボックスやかごを奥と手前に二重に並べていきます。こうすると高密度の収納を実現できます。

□ 仕切らずにものを詰め込んでいるために、奥のものが死蔵品になっていないか？

□ 棚の奥のほうが空洞になっていないか？

低めに仕切った棚と、その奥行きに合ったサイズのボックスやかごを並べれば空間を無駄なく使えます。かごごと引きだせば、奥が空洞になったり、死蔵品のたまり場になったりすることもありません。ポリ合板にのせたプラスチックのかごは滑《すべ》りもいいので、引きだすときの使いやすさにも優れています。
細かく仕切ることによって、なかのものが一目瞭然、詰め込みすぎもなくなります。

■洗面所の浅い高密度収納は百人力

私が設計する場合は、プランをやりくりしてでも、必ず洗面所には奥行の浅い天井までの壁面収納（リネン収納庫）を設けることにしています。一尺分（約三〇センチ）壁をへこませると、ちょうどいい収納スペースになります。
ちょうどいい、というのは、奥行き三〇センチ程度のかごや小物入れが、手ごろな価格のものから定番サイズとして手に入りやすいからです。棚にぴったり収まったかごは使い勝手がいいだけでなく、見た目もすっきり整います。清潔感のある白いものがおすすめです。

つくりつけにする場合、内部は可動式になるように、前出したステンレスのレールと棚受けのセット（124ページ）を使って、大工さんにつくってもらい、扉は、建具屋さんにつくってもらうという「分割現場施工」にしています。

このやりかただと、工場製作のキャビネットを据えつける「家具工事収納」よりもローコストでできますし、なかが広く使えて収納効率もよいからです。

リネン収納庫ができると、洗面台はカウンターだけで広々と使えるようになり、カウンターの下の部分をフリースペースにすることが可能になります。カウンター下に通気窓をつけたり、そのブラインド・ゾーンを利用してごみ箱や洗濯かごを置いたりするなど、さまざまな工夫をする余裕も出てきます。

こうして見てくると、ひとつの工夫が、次の実用性を生みだし、効率的な家事動線が可能になり、いつも片付いているという連鎖反応が生じます。収納は科学であるという意味が腑《ふ》に落ちてくるのではないでしょうか？

8
見渡せる浅い収納がものを増やさないコツ

「壁を三〇センチへこませた、床から天井までの収納スペース」

私はこういう浅くて背の高い壁面収納（「タワー収納」と呼んでいます）を、フォーカル・ポイントからはずれた、リビングの一角や廊下に、できるだけ幅広くつくるようにしています。なかにはたくさんの棚を用意して、ここになんでも入れてもらうようにします。

この戸棚は驚くほど収納力があって、しかも見渡せるので、家族のだれもがものを探すためにほかの人の手を煩《わずら》わすことがありません。

奥のほうへもぐり込んでものを出し入れしたりする体力的な負担も少なく、取りだしやすいため、高齢者でも便利に使えます。

収納されているものの量が、ひと目で把握できるので、重ね買いや、無駄なストッ

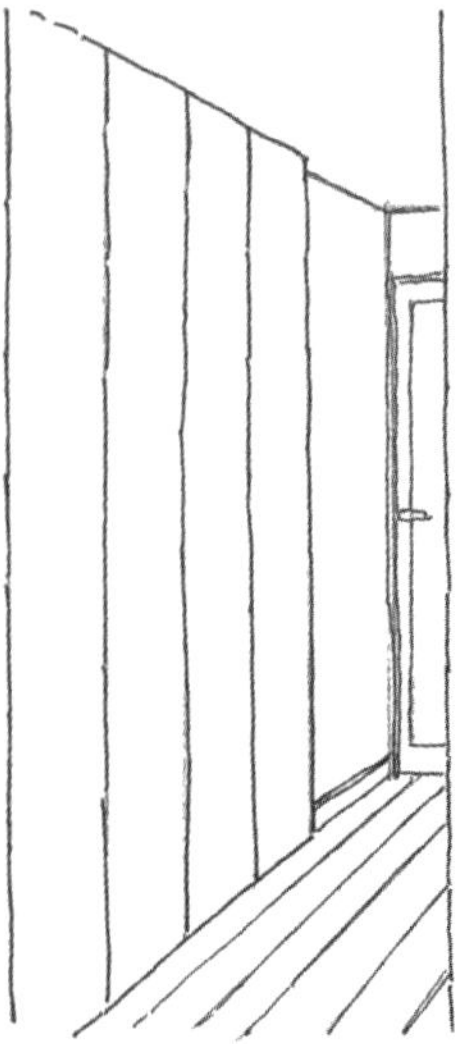

壁と同化する扉

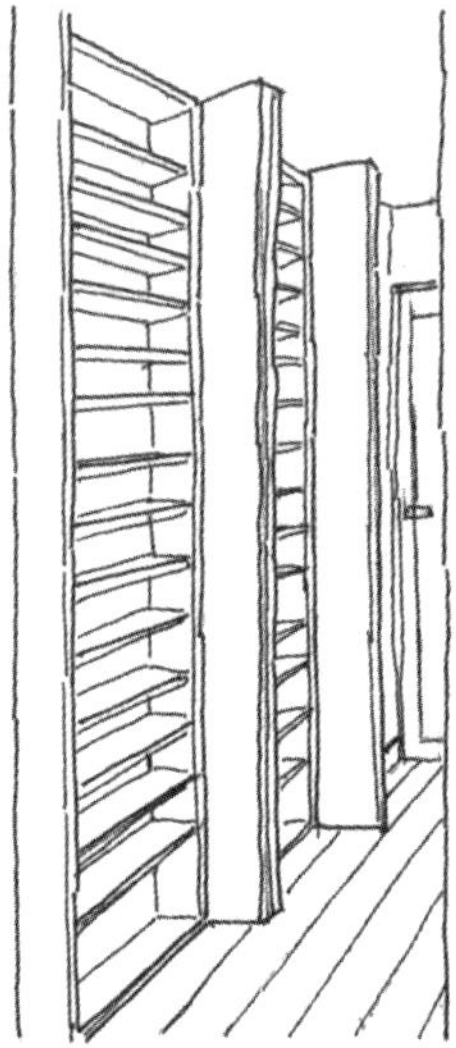

廊下のタワー収納

ク買いがなくなるという利点もあります。

天井までの収納は、前述した通り、奥行きがそれほどなくても、収納量が飛躍的に上がります。

垂れ壁をつけずに壁と同化する床から天井までの扉をつけてしまえばすっきりとして、よく見ないと、そこが収納であることすら気づかれないこともあります。

9 スケール感覚を身につける

ここまで説明してきた通り、**収納のコツは「空間を埋め尽くす」**です。

天井まで届くつくりつけ収納は、結果的に狭い空間を広くして、ものの量に合ったスペースを生みだしてくれます。

■巻尺《まきじゃく》を持ち歩く

収納スペースを新たにつくろうとするときに注意しなければならないのは、そのサイズです。とくに、横幅ばかりに気を取られて、奥行きと高さには無頓着になりがちなので気をつけましょう。

また、ひと目で見渡せることが何より大切です。見えないスペースはほとんど、「死蔵品のすみか」となってしまうことも忘れないでください。

それを避けるためには、しまうものの奥行きと収納スペースの奥行きを、なるべく合わせるようにすることです。

そこで、ぜひ一～二メートル程度の小さな巻尺をいつも持ち歩くようにすることをおすすめします。

リフォームを考えている人、家具やちょっとした工夫で収納スペースを増やしたいという人は、この巻尺でいろいろなものを測ってみると、役立ちます。

タオルをたたんだときの幅は何センチか？

奥行きが何センチの棚ならぴったり収まるのか？

洋服の肩幅を測れば、クローゼットの奥行きが何センチあればいいかがわかります。

私たちは「クローゼットは有効六〇センチ」として設計しますが、奥行きが九〇センチもある押し入れ収納は洋服には適さないことも、実測すると納得できるはずです。

また、レストランで使われているグラスの高さは、たいてい九センチほどです。

これは食器収納の参考になりますし、意外にグラス用の棚一段の高さは低くてもいいということがわかります。九センチの高さのグラスを入れるなら、取りだすときのことを考えても、一二センチあれば充分。引き出し収納にするのであれば、グラスの高さぎりぎりでいいのです。

缶詰の直径と高さ、レトルト食品やトイレットペーパーのサイズは規定で決まっています。ひとつひとつ測っておくと、理想の収納が見えてきます。

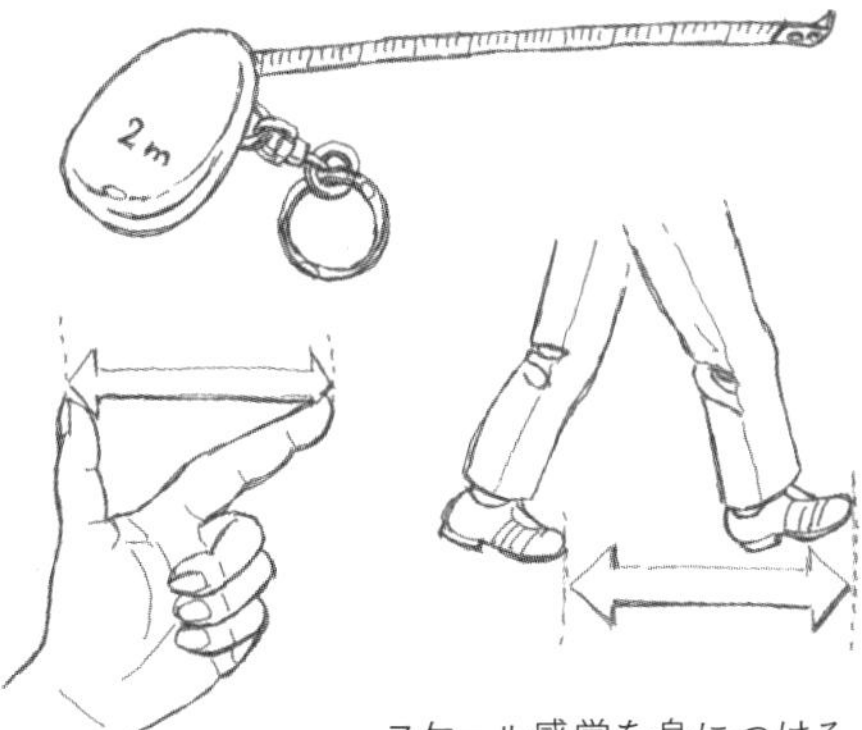

スケール感覚を身につける

いつも巻尺を持ち歩き、ちょこちょこ測っていると、やがて自分のなかに「スケール感覚」が生まれます。これと思うものをひと目で「あ、これは何センチくらい」と体で理解できるようになるのです。慣れてくれば、自分の歩幅が五〇センチだとか、親指と人差し指を広げた幅が一五センチだとかわかってきて、巻尺がなくても大まかな計測ができるようになります。

この感覚が備わると、住まいをよりよくする際の強力な武器になります。

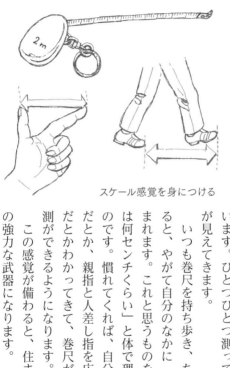

10 収納のリセット①

二軍スペースをつくる

「収納が足りない」と嘆く人のなかには、空間稼働率を調整しても解決しないほど、ものを大量に持っている人もいます。

私がリフォームを引き受けたDさんは、まさにその典型でした。比較的家が広く、何かが見当たらないと、すぐ買ってしまうのがDさんの行動パターンでした。

「とにかく、何があるかをぜんぶ見せてください」とお願いすると、なんと、はさみだけでも二十挺《ちょう》あるのが判明する、という具合でした。

また、来客用のおしぼりを玄関の引き出しにしまっているので、なぜキッチンに置かないのか尋ねると、「入りきらないんです」という答え。なんとキッチンにも七十枚ものおしぼりがあったのです。

笑い話でも、特別な例でもありません。タオル、ハンカチ、石けん、靴、鞄、そのほか持っているものをコレクションのように大量に並べて安心するタイプの人を、これまで何人も見てきました。

そのうえDさん宅には、「絶対に着ないけれど、捨てるには忍びない母の着物が入っている」という形見の和箪笥が四棹《さお》もありました。

「増えつづけてもものを捨てられない」というDさんの性格と、家のスペースにゆとりがあることを考え、私は納戸をつくるというリフォームプランを立てました。

床の強度を上げ、和箪笥はすべて納戸のなかへ。

納戸にはさらにつくりつけ収納も設け、ここをすぐに使わないストックのための「二軍スペース」にしました。

つまり、あふれるものを「レギュラー」と「二軍」に分け、後者は納戸で待機させるのです。

■監督の目で選手を見分ける

レギュラーと二軍に仕分ける際は、まずチャック付きポリ袋をたくさん用意し、はさみははさみ、おしぼりはおしぼり、電池は電池でぜんぶまとめてもらいます。このときは、壮観ともいえる、はさみとおしぼりの数でした。

はさみは二挺だけをレギュラーとして、リビングと玄関にそれぞれ住所を決めて置くことにし、残りはビニール袋にまとめてからかごに入れ、納戸の二軍スペースに。その際、錆《さ》びているものや切れ味の悪いものは処分しました。

この要領で、すべてのものを「使うもの」「二軍スペースで待機させるもの」「処分するもの」に分けます。

二軍スペースに置くストックは、透明の袋に入れて「すぐ見える」ようにしておくことがコツです。うっかりまたはさみを買ってしまったとしても、二軍スペースの仲間のところにしまえます。また、万一レギュラーが行方不明になっても、すぐに交代させられます。

大量のストックと普段使用するものを全部まとめて一か所にしまおうとすると、適量を超えた収納スペースが必要になります。

たとえばDさん宅の玄関に置いてあった「来客用おしぼり」は、本来ならキッチンに置くべきものです。来客のたびにいちいち玄関におしぼりを取りにいくというのは、無駄な動線が増えるだけでなく、来客にも落ち着かない印象を与えます。

おしぼりも、日常使いの分と来客用の数枚をレギュラーとし、余分なものと玄関にあった分は袋に入れて納戸の二軍スペースに置くルールにしました。そうして、空いた玄関の引き出しには、二階の寝室にあったハンカチやタオルを仕分けして十枚ずつ入れ、残りは袋に入れて二軍のかごへ。

二軍のスペースは納戸でも、ちょっとした収納スペースでもかまいません。ものをたくさん持っている人に、この二軍方式はとても有効です。


納戸という二軍スペースを確保し、多すぎるストックをそこに一括して収納するようになったDさんの家は、その後、嘘のようにすっきりしています。

「ものを買わなくなりました。おまけにストレスのない生活で、快適です」

その後のDさんの言葉を聞いて、私もうれしく思いました。

11 収納のリセット② こころ編その1 買いだめをやめる

自分の家の購入金額は、だれだって知っています。ローンがあといくら残っているかも把握しているのが普通です。賃貸なら、月々の家賃は知っているはずです。

では、次の質問にはどうでしょうか？

□ 一平方メートルあたりのあなたの家の値段（家賃）は？

計算式は単純です。

「家の値段もしくは家賃÷床面積（㎡）」＝一㎡あたりのあなたの家の値段（家賃）

たとえば、床面積六〇㎡（約十八坪）で月々十二万円の家賃を払っているなら、毎月一㎡の空間に二千円近く払っていることになります。

改めて計算すると、その金額にびっくりするかもしれません。

それだけの金額を払っているのであれば、空間を最大限に生かしたほうがいいに決まっています。

■収納スペースのコスト・パフォーマンス

もし、食品や生活用品を買いだめする習慣があるなら、「この洗剤や缶詰は、月々〇千円払ってでもここに置く価値があるだろうか？」と、再考してみてはどうでしょう。

一泊二万円のホテルに、買い込んだ日用品をめいっぱい入れて、ベッドまで占領させる。自分は部屋の隅っこに、小さくなって寝ている……。

いささか極端なイメージですが、自宅をこんなふうに使っている人は、少なからずいます。その無駄な空間、散らかり放題の部屋に、お金を払っているのです。

どうせなら、空間を有効かつ、心地よく、家族や自分がくつろぐために使おうではありませんか。

「安いから」という理由で買いだめをすれば、なるほど、小さな節約はできますが、ものがあふれた生活空間ではストレスも生まれます。

「快適な住まいからもらう生きるエネルギー」は、お金では買えない豊かさです。

「コンビニや通販がわが家のストックルーム」という考えかたも、収納の考えかたのひとつだと私は思います。

トイレットペーパーが残りひとつになるまで待つべきとまでは言いませんが、ニダースものストックは不要ではないでしょうか？

12 収納のリセット③ こころ編その2 捨ててもいいかもボックス

「収納＝捨てること」という考えが、絶対視されています。しかし、そう簡単には捨てられない人が多いからこそ、「捨てる技術」のような本がベストセラーになるのでしょう。

適量は、確かにあります。はみでたものは、処分しなければなりません。ほうっておけば、ものはどんどん増えるので、どこかで区切りをつけることも必要です。

しかし、ヒトという生きものは、ほかの動物同様、飢えないための備えとして、無意識のうちにエネルギーを体内に蓄えておこうという本能があるのだそうです。リスが、食料をため込んで冬に備えるように、保存食、つまり予備を持つというのは人間の習性なのかもしれません。そう考えると、捨てるということは、本能に反する行為で、ストレスになるというのもうなずけます。

そのうえ、私たちに供給されるものの量は膨大で、それらを身のまわりから排除するのは至難の業です。

私自身、捨てるのが平気というタイプではないので、苦肉の策として「捨ててもいいかもボックス」というのをつくってみたのですが、それがなかなかよいことに気づきました。

「そろそろ、いらないいかな」と思うけれど、決心がつかないあいまいなものはすべて、ここに入れます。

たとえば、マンションに住んでいるころに使っていたドアストッパー。もう使わないけれど新品同様です。

買ったけれど趣味ではないサンダル。使わなくなった子どものスポーツ用品。旅先で求めた置物。

すぐには捨てる決心がつかないものも、「捨ててもいいかもボックス」に入れるなら、あまり抵抗がありません。バザーやリサイクルに出して、使いたい人に使ってもらう機会を探るというのも、ひとつの方法です。

■捨てられる気分の日を選ぶ

「捨ててもいいかもボックス」は、定期的に見直します。

三か月に一度くらいが目安ですが、私は気分がいい日にリセットすることにしています。

人の気持ちにはバイオリズムのようなものがあり、意欲的だったり、明るい気分の日は、「これがなくても大丈夫。えい、思いきって捨ててしまおう！」と決断できるものです。しかし、なんだか思い悩んで気持ちが沈みがちな日は、「捨ててもいいかもボックス」を開けてみたところで、さんざんいじくりまわしたあげく、もと通り箱に戻すのが関の山です。

「捨ててもいいかもボックス」に限らず、収納のリセットは、気分のいい日にやること。これが成功する条件かもしれません。

13 写真でする収納診断

私は住宅の設計を始めるとき、現状の住まいの収納状態とその中味を確認するために、それらを写真に撮るようにしています。そのうえで残す家具を決めたり、新しい住まいに必要となる収納量を決めていきます。

これを私の事務所では「収納診断」と呼んでいます。

この収納診断方法を応用すれば、自分で「収納のリセット」まで実践できます。

収納状態の現状を知るためにはフォーカル・ポイントと同様、客観的になることが必要です。そのためにはやはり写真を使うのが便利です。

■洗いざらいぜんぶ見るのが成功のコツ

「すべての部屋の状態と、押し入れと引き出しを開けて、写真を撮らせてください」

こうお願いすると「恥ずかしいので、写真を撮るまえに、ちょっと片付けさせてください」と言う人も少なくありません。しかし片付けてから撮った写真では、正確な判断ができなくなってしまいます。

ここで私の意図を理解してもらい、何もかもを洗いざらい見せて、写真に撮らせてくれるようになれば、このリフォームは、ほぼまちがいなくうまくいきます。そこにクライアントと設計者の信頼関係が生まれ、それによって新生活で重要な収納の問題が、スムーズに解決できるようになるからです。

また、新しい収納設計には、クライアントにも参加してもらうことにしています。収納スペースに色を塗った新しい設計図を、収納診断の写真と一緒にクライアントに見てもらいます。そして「適所の法則」にのっとって、一緒に収納の組み替えをしていきます。そうすれば、設計時から適所のイメージをつかんでもらうことができるからです。棚の段数も計算して決めてもらいます。

■現状の写真が冷静にものを見るきっかけに

じつはこの作業が、ものの量を減らすことにつながるのです。

というのも、「適所の法則」を徹底させることは、家中のものを分類したり、選別したりすることにつながり、不要なものや、多すぎるものが見えてくるからです。
その結果、頭のなかが整理されて、いるものといらないものの判断がつき、ものを減らすことができるというわけです。

私は竣工時に、クライアントに新しい家の収納棚に入れる収納かごを大量に渡すことにしています。
もともとかごの奥行きと合わせて、収納を設計していますから、棚のなかに並ぶかごの数も計算済みです。クライアントには竣工後の生活をイメージして、ものを分類してもらっておきます。そうすれば、新しい快適な収納生活が、引越しとともにスタートするのです。

以上は、私の設計の手法ですが、新築やリフォームをしなくても、この方法を応用して、「適所・適量の法則」を実行することは可能です。

■自分でできる収納診断

収納のリセットを自分でやるときも、まずは、写真を撮って現状を把握することから始めましょう。

写真では最初に、「収納の空間稼働率」を見ましょう。

スペースを平面ではなく立体で考え、ぜんぶをフル稼働させるのが理想の収納です。もしかするとあなたの家は、収納スペースは足りているのに、そこを一〇〇パーセント活用できていないから、ものがあふれているのかもしれません。

次に、収納されているものを、個別に見ていきます。

「なぜ、こんなものがここに入れてあるのだろう？」と感じたものは、写真に丸をつけていきます。それはおそらく、「適所」に収納されていないものです。

「使う場所」と「しまう場所」が離れれば離れるほど、家は散らかっていきます。

家のなかの収納スペースをすべて把握し、ものの量を把握すれば、あとはどこに何を収納するかの問題です。もっとも効率のよい場所に、適するものを入れ替えていきましょう。

14 インテリアに通じる収納「カウンター収納」と「見せる収納家具」

フォーカル・ポイントを上手に生かすためには、しまうべきものをしっかりと収納し、隠す必要があります。

■カウンター収納

たとえば、リビングのフォーカル・ポイントをつくり込む場合。

視線を集めたいアイ・スポットに、低めの扉付きのカウンター収納をつくると、カウンターの上をインテリア・ディスプレイ台とすることができますし、「リビングにあふれがちな日用品」を、カウンター下に収納することもできます。

壁の色と同系色の扉にすれば、扉を閉めた状態で空間に溶け込み、完璧な「隠す収納」となります。余計なものをしまえばすっきりしますから、まさに、適所の収納になります。

カウンター下の隠す収納

扉を閉めればすっきりと

■見せる収納家具

しかし、隠すばかりが収納ではありません。

収納それ自体を、インテリアの見せ場にすることも、収納上手な部屋づくりのコツです。

これには「見せる収納家具」が役に立ちます。いままでは機能性や隠す収納の話でしたが、そればかり考えていると味気なく思えてきたり、義務的に感じられたりするものです。しかし「見せる収納家具」であれば楽しみにもつながります。

このとき、しまうべきものはきちんとしまったうえで、ディスプレイするのがポイントです。

次ページの上の写真の和簞笥は、玄関を印象的に飾るインテリア・エレメントでありながら、引き出しには、鍵やハンカチ、ポケットティッシュ、診察券など出がけに持って出るものを、家族のメンバーごとに分けて入れています。

また、季節ごとに和簞笥の上に飾るものも収納しておけば、ここでも適所の法則が

出がけに持って出るものを家族ごとに

成り立ちます。

見せる収納家具を、実用的に使うのです。

「動線」と「収納」をしっかり整え、「フォーカル・ポイント」のコンセプトを理解したら、いよいよ仕上げの「インテリア」です。

玄関ホールの見せる収納家具

第五章
自分らしいインテリアのすすめ

「見せる」と「隠す」は表裏一体

動線と収納が整うと、それだけで、ずいぶん暮らしやすくなります。

無駄な動きがなくなることで、時間効率がよくなるうえ、片付けを意識しなくても〝散らからない家〟になっているからです。

ここまでくれば、住まいに「自分らしさ」を出したり、どこよりも「居心地のよい場所」にしたりすることは、案外簡単です。

家のなかがすっきり整っているために、雑多なものに視線を奪われることがないため、フォーカル・ポイントをより際立《きわだ》たせて、インテリア全体を上手にまとめることができるからです。

「見せる」と「隠す」は表裏一体。インテリアと収納（動線）は、両方がそろってはじめて成り立つのです。

■セオリーは学べ、インテリアは楽しめ

文化セミナーなどのインテリア講座では、コーディネートのコツやコーナーのつくりかた、家具やカーテンなどの選びかたといった、基本的なことはだれでも同じように学ぶことができますが、同じことを学んでも、それを実践するときの表現方法は、千差万別です。それぞれが思い思いに個性を発揮できる――それが、インテリアの最大の楽しみです。

私は、好みのスタイルや、基本的なことを理解したら、最終的には自分自身が心地いいと思うインテリアを自由につくっていくのがよいと思っています。

動線と収納を整え、フォーカル・ポイントを用意したら、あとは自分と向き合って、自分が好きだと思える住まいをつくっていくのが、住まう人の喜びだと思うからです。

第五章では、住まいの設計者という視点でとらえるインテリアの基本とその考えかたを、みなさんが自分で学び実践できるように提示してみます。

あなた自身でインテリアが楽しめるようになる素地になればと思います。

2 「自分の好みを知る」が最初の一歩

インテリアには特別なセンスが必要だと思っている人や、自分とは無縁なものだと考える人がいます。

「雑誌を見るとすてきだなと思うけど、わが家には無理」

こんな発言をする人もいます。どうやら、「インテリアは難しいものだ」と思い込んでいるようです。

そういう人は、もしかすると自分自身、何が好きかが、わかっていないのかもしれません。**まずは、自分の〝好み〟を知ることです。**

そのためには「いいな」と思うものをたくさん見ることが役に立ちます。

■スタイルを知る

インテリアには、さまざまなスタイルがあります。

代表的なところでは、直線的で、モノトーンが主体のクールな印象を与える「モダン」スタイル、その名の通り、伝統的なヨーロッパの重厚な雰囲気をかもしだす「クラシック」スタイル、自然素材の家具や小物で明るくさわやかな印象の「カジュアル」スタイルなどです。

また、国や地域のインテリアの特徴から、「イタリアン」「和風」「北欧風」「南仏風」「カントリー調」「アジアン」などといった分けかたもあります。どんなスタイルがあるかを紹介するだけで何冊も本が書けるくらい、多様なものです。

インテリア上手になるための第一歩は、自分の好みのスタイルが、だいたいどのあたりにあるかを知ることです。「自分は何が好きか」を知ることが、いちばん大切なことだからです。

洋服や靴など身につけるものと同じで、私たちは、自分の好きでないスタイルに包まれていると、どこか落ち着かない気分になるものです。自分がほっとできる空間が、「好み」のスタイルだと言えるでしょう。

■とにかく見ること

それでも、自分らしいインテリア・スタイルがわからないときには、とにかく数多くのインテリア事例を見ることとです。

私は大学の「インテリア演習」の授業では、学生たちに、自分の好みのインテリア写真を二十枚選んで持ってきてもらうことから始めます。

そして雑誌でもチラシでも、インテリアショップのカタログや、旅行パンフレットに載っているホテルの室内写真でも、とにかくたくさん見て、直感的に「いいな」と思う写真を切り抜いて、ノートに貼っていってもらいます。

このノートが、「自分だけのスタイル集」となって、いちばんの教科書になるのです。

また、そのときどきで「いちばんいい」と感じるものは、机の前など、頻繁《ひんぱん》に目が行く場所に貼って、一日に何度も見ることをすすめています。これがとてもよいレッスンになって、次第に「インテリアの目」が養われていきます。

■言葉にする

さらに、その写真を、言葉で描写してみると、ぼんやりとしていた自分の「好み」が次第にはっきりとしてきます。

明るい、さわやか、シック、高級感といった空間全体から受ける印象や、床、壁、天井の素材や色、家具の色やかたち、ファブリックのベースとなる色やアクセントの色など、物理的な視覚に訴える印象などを書き留めたり、口に出して言ってみたりするのです。自分が「いいな」と感じるインテリアに、ある共通性が見えてくればしめたものです。

この方法は、好みがあいまいな人や、「なんとなく好きなものはあるけど、はっきりしない」という人にとくに有効です。少なくとも半年続ければ、きっと好みのスタイルが見えてきます。

私自身、社会人になったころに「自分のスタイル集」づくりを始めました。いま見返してみても、新しいインテリアと出会うことで、自分の好みが変化したことや、嗜好の引き出しのなかにどんどん新しいものが蓄積されてきたことがわかります。

ちょっと時間と手間はかかりますが、一生つき合っていく住まいを自分らしいものにするために、自分の「好み」を知る作業は、重要なことでもあります。

何よりも、楽しみながら続けることが、長続きさせるコツです。まさしく「好きこそものの上手なれ」です。

■好みは個性の基礎

もうひとつ大事なことは、これらの作業はあくまでも自分の「好み」を見つけるためのものであって、自分を何かの型に合わせるのが主眼ではないということです。

「西洋アンティークにひかれる」

「とにかく自然なテイストが好き」

「やっぱり和モダン」

このように好みのはっきりした人は別ですが、そうでない人は特定のスタイルにこだわらず、もっと自由に気軽に自分の〝好みの空間〟を追求してもいいと、私は思います。

最近は「ミックス・スタイル」というカテゴリーもあるようです。

ベースとなるスタイルはあるけれども、ほかのスタイルも自由に組み合わせたり、特定のスタイルにとらわれずに、もっと自由にインテリアを楽しむという考えかただと思います。

要するに、その家に住む人の好みや個性をインテリアに自由に表現できるようになってきたということでしょう。

まさに、住む人が主役になった家づくりが、いまの主流になってきていることの証《あかし》ではないでしょうか。

3 空間を読み込む力をつける

自分の好みがわかってきたら、好きなタイプの写真がたくさん掲載されている**ハードカバーのしっかりしたインテリアの本を入手します。**

洋書でも和書でも、これはと思うものを一、二冊厳選します。ちょっと値の張る、写真のきれいな本には、一流の写真家とデザイナーが携わっており、プロフェッショナルの方々がつくりだした洗練された空間は、見る目を養うのに確実に役に立ちます。

できるだけ毎日ページを開き、気になる写真に付箋を貼って、何度も何度もそのページを見て、それを切り抜き写真でやったように、言葉にしていきます。

この練習を続けると「たんなる好き」から一歩前進して、「自分は、なぜそれが好きなのか、なぜ美しいと感じるのか」が、徐々にわかってきます。

「なぜ美しいと感じるのかがわかってくる」とは、「インテリアを読み込む力がつ

く」ということです。

■美意識を育てる

その空間の基本のスタイルは、床、壁、天井、建具それぞれの素材・色、家具のデザイン・配置、カーテンやソファのファブリックの色使いなどを個々に見ていくことで、さらに詳しく読み取っていくことができます。

また、言葉で表現したものを見返してみれば、自分がどれだけその空間を読み込めていたのかがわかります。それらが具体的にわかれば、まねることができ、いずれ自分の住まいに再現するときに大きな助けとなるだけでなく、自分のものにして楽しむ足掛かりにもなります。

意識して、好きなものや美しいと思うものを見つづけることによって、やがて美意識が蓄積され、センスも磨かれていくものです。

美意識は、長いあいだの積み重ねではぐくまれます。実際、学生たちのなかには、これらの自分でできるインテリアレッスンによってめきめきとセンスが磨かれ、自分の家のインテリアを変えて楽しむようになった人たちが大勢います。

4 好きな空間を実体験する

写真でインテリアを読み込む力を身につけつつ、実物のインテリアを見に出掛け、実際にその空間を〝体験〟することも重要なレッスンです。

私は、学生のころから建築家のフランク・ロイド・ライトが好きで、彼が設計した自邸の写真のポストカードを、長いこと机の前に飾っていました。何年ものあいだ、「好きだな、実際に見てみたいな」と思い、憧れていたのです。

目を閉じても鮮明に思い浮かぶほど見つめつづけた写真でしたが、社会人になって、実際にそこを訪れたときの気持ちは忘れられません。

イリノイ州オークパークにあるその家は、ほんとうに写真のまま残っていました。目の当たりにした瞬間、写真で眺めていたものが立体となって、体のなかに入ってきました。

まさに〝フランク・ロイド・ライトを体験した〟のです。彼のつくった空間のなかで、自分のなかに何かを取り込めたような旅でした。

アメリカまで行かなくても、レストラン、ホテル、インテリアショップなど、手本となる空間は身近なところにたくさんあります。

積極的にそうした場所に出掛け、「いいな、好きだな、きれいだな」と思ったら、いつもその理由を考えてみるようにすると、いつしかそれが癖になります。

体験した場所の写真を撮っておくというのもひとつの方法です。自分が心地よいと思った実際の空間をあとで客観的に見直してみる。そこがなぜ心地よかったのかを読み込み、復習することは、とってもよいインテリアの訓練になります。

「ここをなぜ好きなのか？　ここはなぜ美しいのか？」
その理由を考える力を、私は「空間を読み込む力」と呼んでいます。
そしてそれが、〝センス〟と呼ばれるものの根源だと思っています。

5 ベーシックを知る

好きなものがわかって、さらに空間を読み込む力がついてくると、「いまの住まいは何かが違う！」と思いはじめる人もいるでしょう。

インテリアを意識して見るようになり、統一感や素材に注意するようになると、好きなところばかりではなく、嫌いなところも目につくようになります。

ここで知っておくとよいのは、私たち専門家が設計段階でインテリアを考えるとき、ベースにするのは、建築物本体につく建材の色や素材だということです。ここでは、建築士のインテリア・チェックポイントを述べておきましょう。

■建築士の目線でインテリアを見る

洋室の場合、私たちが、室内の床や天井、壁といった部分の素材・色を考えるとき、あわせて注目するのが、窓や窓枠、ドアやドア枠、巾木《はばき》、廻《まわ》り縁《ぶち》など、いわゆる室内の付属建材です。

□巾木は、どんな素材で、どんな色か？

巾木とは、床から数センチくらいの高さで、壁面下部に張りめぐらされている保護建材です。本来は木製で、壁と床のつなぎ目を隠したり、傷や汚れを防止したりするためにつけられるものです。

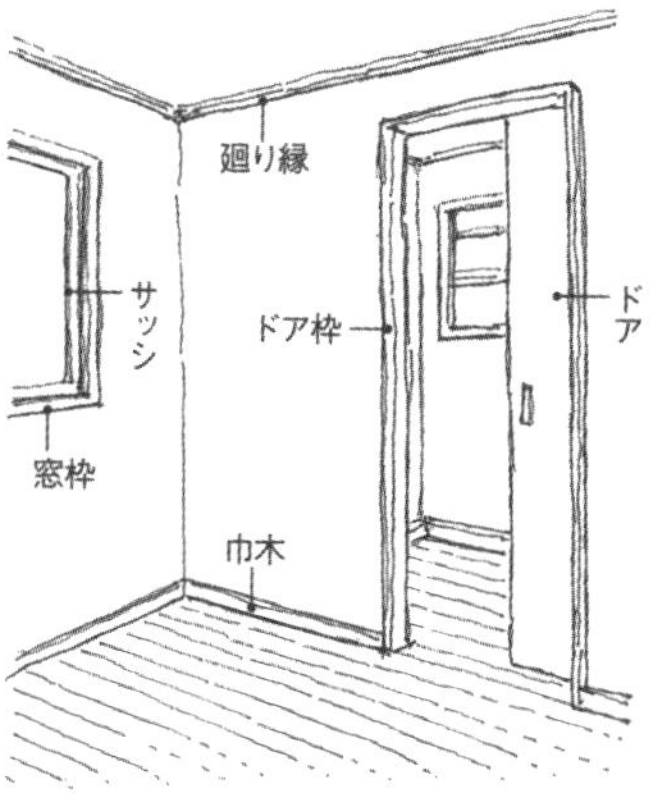

建材の色や材質に注意しよう

日本でも、洋室ならほとんどの住宅に巾木があるはずですが、美容院やブティックなど、あえて巾木をつけない設計もあります。コストダウンと、シャープな印象が出るという効果を考えてのことです。

一般の住宅の場合は、掃除機や家具などによる傷や汚れを防止するために、巾木があったほうがいいでしょう。

ただし、それらがインテリアの重要な要素も占めるということは、覚えておいてください。

□天井の廻り縁は、どんな素材で、どんな色か？

同様に廻り縁は、天井と壁のつなぎ目を閉じる役割を担います。天井の高い欧米の住宅では、廻り縁自体にもさまざまなデザインがあり、インテリア・スタイルを表現する要素になっています。

□ドアやつくりつけ収納扉はどんな素材でどんな色か？　枠はあるか？

□窓のサッシの色、窓枠はどんな素材でどんな色か？

「家のなかをきちんと片付けても、どこかすっきりしない」

そんな印象があるときは、室内の建材自体が目立ちすぎているかもしれません。

あるいは、室内建材の色や素材と、手持ちの家具やインテリアのバランスがうまく取れていないのかもしれません。

インテリアの自由度を高め、効果的に見せるひとつの方法として、室内はできる限り「何も描かれていないキャンバス」を目指し、巾木や廻り縁を壁の色に合わせてしまうという手もあります。

空間が〝白いキャンバス〟なら、自分の思い通りの作品としてインテリアにしやすいからです。全体を白にすると、ベースがややモダンになり、コーディネートしやすく、インテリア自体が引き立つという効果も得られます。

天井までのドア枠と窓枠

天井があまり高くない住宅をすっきり見せるためのひとつのテクニックとしては、コストはやや高くなりますが、ドアや窓、収納扉を天井まで届くものにしてしまうという手があります。

そのうえでインテリアと合わせて素材や色を考えていくようにします。

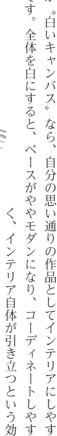

6 インテリアは飾りじゃない

頭のなかで自分の好みが整理され、インテリアのベースの考えかたも理解できたら、いよいよ実際のインテリアに挑戦ですが、その前にひとつだけ心に留めておいてほしいことがあります。

それは、日本では「室内装飾」という意味合いで使われる「インテリア」という言葉は、たんに「飾る」ことを意味するものではないということです。

■インテリアは日常のなかに

私にとって、インテリアとはつねに日常のなかにあるものであり、毎日の暮らしを楽しませてくれるものです。

そのことを私に教えてくれたのは、タイのジムトンプソン・ハウスのたたずまいでした。骨董品や美術品であっても日用品とまぜ合わせて、惜しげもなく飾ったり使ったりしているようすにインテリアの極意を見た気がしました。

また、家具や生活調度品に実用の美を備えたものが選択されていれば、純粋に装飾を目的としたものが何もなくても、インテリアは充分美しくなりうる、とも思うのです。


そのためには、室内に置くものを選ぶときには、いわゆる日常使いの小物にいたるまで、**いまこのときから、妥協をしない**ということをぜひ、念頭に置いてほしいと思います。

グラスひとつ、茶碗ひとつ、かごひとつを選ぶにも、これかあれかのどちらかの選択で間に合わせるのではなく、自分のなかの絶対的な価値観、美的感覚で判断し、妥協を許さないということです。

そういう選択方法を積み重ねて、気に入ったものをしまい込まずにどんどん使って、そのしあわせを味わうこと。同時に自分の目も喜ばせること。それがインテリアの極意ではないかと私は思うのです。

■フォーカル・ポイントから始めよう

このことをふまえたうえで、リビングのフォーカル・ポイントから整えてみることにしましょう。いちばん目につきやすいところですし、変化がはっきりと目に見えてわかるので、やりがいがあります。

たとえばこんなコーナーづくりはいかがでしょう?

フォーカル・ポイントを整える際には、飾るだけでなく、機能性の充実も図れれば理想的です。

空間に余裕があるなら、フォーカル・ポイントに美しいチェストやキャビネットを置き、これまでリビングに散らばっていたものをそのなかに収納して、すっきりさせます。
次に、チェストがアイ・スポットになるように、チェストの上を好みの置物で、うしろの壁を趣味に合った額で飾ってみます。さらに、観葉植物などを置けば、コーナーの完成です。もし空間に余裕がないなら、チェストの代わりに、雰囲気のある椅子などを置いてみるという手もあります。

これは、コーナーをつくるときの基本の例ですが、ここで役に立つのがインテリアの教則本です。数あるなかから、自分の部屋に応用できそうなことが載っている本を探して読んでいくと、コツがつかめるようになります。

部屋を印象づけるフォーカル・ポイントがまとまってきたら、今度はインテリア・コーディネートの考えかたを取り入れて、自分なりの部屋づくりをしていきましょう。

■リピートの手法でコーディネートを

ファブリック（布製品）や小物などをコーディネートするときによく使われる、く

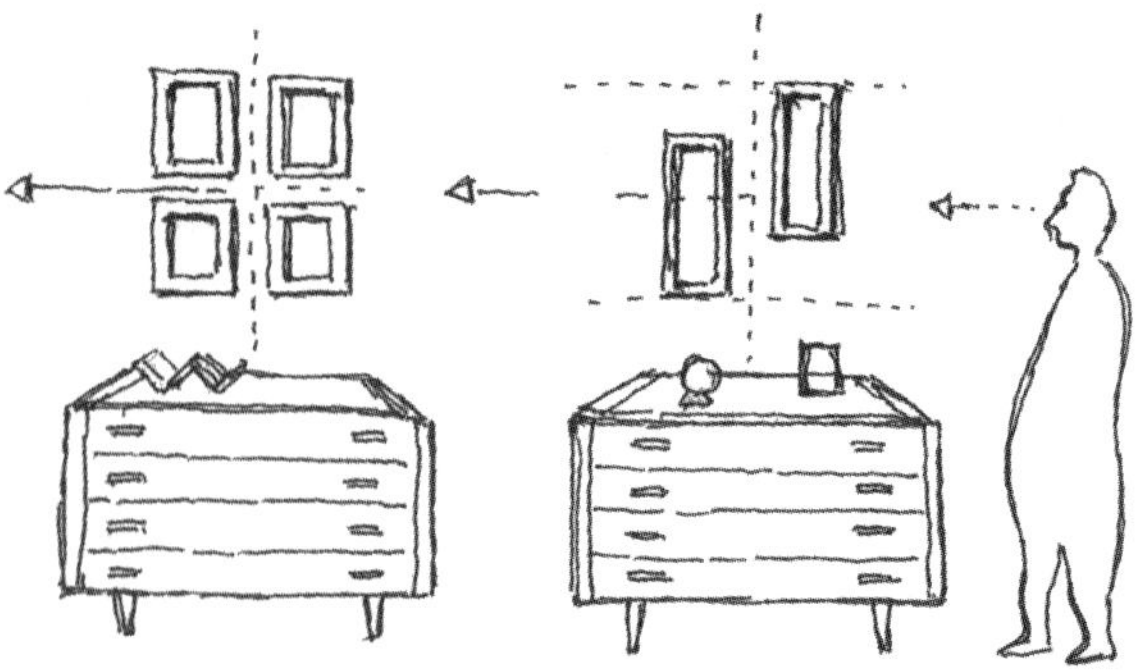

り返し（リピート）という手法がありま
す。
　部屋のベーシックな色を決めたら、そ
れに調和する配色やアクセントの色を選
んで、いくつかの色を限定してくり返す
のも、基本的なインテリアのテクニック
です。
　配色だけでなく、同じイメージのもの
をリピートすると、統一感が生まれます。

■絵もリピートでリズムを

　たとえば、おそろいのフォトフレーム
をキャビネットの上に三つ並べれば、連
続感が出ます。
　白い壁に額を飾るときも、同じサイズ

や同じシリーズの作品を並べる、あるいは額縁の素材と色味をそろえるだけでも統一感は出ます。

並べかたはいろいろで、縦横ふたつずつ、計四つ並べて全体を大きなスクエアの額のように見せることもできますし、ふたつならあえて高さをずらして並べても、空間に遊び心が生まれます。

ところで、絵や写真を飾る際のありがちなミスは、位置が高すぎるというものです。まっすぐ前を見たときの目線が絵の中心くらいにくるような高さを目安にするとまちがいがありません。

また、せっかく飾った絵を、手前の花や置物がさえぎってしまうというのは、どちらの魅力も半減させるもったいない飾りかたですので気をつけましょう。

■ファブリックの使いかたを知る

部屋の印象を決める大きな要素はほかにもあります。目に映る面積が大きいファブリックです。

カーテン、ベッドカバー、テーブルクロス、ソファの張り地やカバーリング。ソファは、クッションを置くことを想定したファブリックにします。クッションカバーの枚数を少しずつ増やして、定期的に替え、季節感を出したいところです。どんな取り合わせでも映《は》えるという点で、ソファはやはり白からアイボリー程度の、色味を抑えたものが無難です。

同じように、テーブルクロスをオーソドックスにしたら、ランチョンマットでは遊びを取り入れて、いろいろな色をそろえてみるのも楽しいと思います。

■窓とカーテン

カーテンは、従来の引き分けタイプだけでなく、上に巻き上げる「シェード」と呼ばれるものにも、多くの種類があります。カーテンは、インテリアとしても重要な要素ですが、冬の寒い時期には、窓とのあいだに空気層をつくり、断熱・防寒という役割も果たしてくれます。

ほかには、自然素材のウッド・ブラインドなども人気です。

ブラインドは、羽根の向きを変えることで、プライバシーを守りながら採光も調節できる優れたアイテムです。

夜はもちろん、昼間の窓辺も、意外とインテリアを効果的に演出するポイントとなる場所です。カーテンのスタイル、素材、色、柄などはよく吟味します。

とくにリフォームや新築の場合は、カーテンを吊《つ》るす部分をボックスにするか、装飾用のポールを使うかによって、建築の納まりも変わってきます。設計時に並行して検討しておく必要があります。

布地選びで迷ったときは、何枚かサンプルをもらい、窓の近くの壁にピンで留めてしばらく眺めることです。実際にその空間に置いてみて選ぶのは、失敗や後悔を防ぐよい方法だと思います。

7 家具の選びかた

自分らしいインテリアを考える際、家具選びはもっとも大切な要素です。この項では、そのポイントをお伝えしたいと思います。

まず、これからは「とりあえず」という意識で家具を選ぶのはやめませんか？

たとえ賃貸であっても、仮住まいという「とりあえずの意識」を捨てることです。

一年でも二年でも毎日暮らす以上、そこがあなたの〝極上〟を目指す場です。決しておろそかにしてはいけないと思うのです。

家具を求めるときは、用途を明らかにし、置く場所を決め、そこからサイズをだし、素材、デザインにいたるまでよく考えることです。

■とりあえずの家具は選ばない

メーカーのカタログを見たり、雑誌やネットで探してみるのも一案です。自分の趣味に合う店を見つけたら、とことん通って、店の人に相談するのもいいでしょう。**いまは買わなくても、自分好みで、信頼できて、長くつき合えそうな店を探すのもいい勉強になります。**

また、メーカーの定番品などは、家族が増えたり、引っ越して間取りが変わったりしたときに買い足すことも可能だということを知っておくと、のちのち助かることがあります。

以前私の事務所が設計し、家具選びもアドバイスしたクライアントのTさんから、「子どもが大きくなったので、子ども用の椅子をおとなと同じものに買い替えたい」との相談がありました。定番の椅子なのですぐ手配できることを伝え、これまで夫婦が使っていた椅子も、ついでに座面の布地を張り替えてはどうかとすすめました。

Tさんは、早速、座面の張り替えとともに椅子の木製部分の塗り直しも依頼され、後日、「新しい椅子と古い椅子の区別がつかないくらい、きれいになりました」という連絡がきました。

また、竣工したばかりのクライアントGさんは、いままで住んでいたマンションで十五年間使っていたソファを、新しい家でも使いつづけています。

そのソファはひとり用のものをつなげて、ふたり掛け、三人掛けにできるタイプのものです。これまではふたり掛けにして使っていたのですが、リビングが広くなったのでひとつ買い足し、三人掛けにしました。

生地はベージュに張り替え、アクセントになるように濃いオレンジと黄色のオットマンをふたつ買い足しました。新築の家に色やサイズもマッチしています。

■妥協せずに注文《オーダー》家具という選択

私は、六か月のあいだ、ダイニング・テーブルを探しつづけたことがあります。

当時住んでいたのはマンションでした。食器棚とダイニング・テーブルを置くといっぱいになってしまうような狭いスペースで娘は宿題をし、息子はお絵描きをしていたものです。

食事はもちろん、それ以外のときにも家族がそこで過ごす時間は長く、コミュニケーションの場となっていました。私が、自宅を設計するときにダイニング・テーブルを中心に考えたのも、そこをみんなが集まる場所にしたかったからです。

ですが、マンション住まいのダイニングでひとつ困っていたのは、テーブルの上に鉛筆削りや、クレヨン、本や雑誌などが置きっぱなしになること。しかし、それらを収納できるキャビネットを買ったりすれば、ますます部屋が狭くなるというジレンマでした。

「収納機能も兼ね備えて散らからない、しかも見た目がいいテーブルはないものか」と考え、ずっと探していました。

しかし、どれも帯に短し、たすきに長し。半年探したところで、とうとう意を決して自分で図面を引き、つくってしまうことにしました。

一見、普通のダイニング・テーブルですが、天板から下の部分が収納棚と引き出しになっています。

来客にもダイニング・テーブルに座ってもらいますが、テーブルの下を覗き込む人は滅多にいませんから、文具や雑誌・新聞など乱雑な印象になるものは、すべてここに入れます。書きものをするのも、雑誌や新聞を読むのもこのテーブルか近くのソファですから、「使う場所が置く場所」という適所の法則にものっとった収納です。

かつてここで勉強していた子どもたちが、それぞれの部屋で過ごすようになってからは、テーブルクロスやランチョンマットなど、ダイニング・テーブルまわりで使うファブリックの収納場所となっています。テーブルの下にしまっておけば、気軽にコーディネートが楽しめて便利です。

友人知人、クライアントにも好評で、私のオリジナルのダイニング・テーブルと同じものを使っている人が、何人かいます。

これはあくまで一例ですが、「自分仕様に徹底的にこだわり、オーダーする」という選択もあると思います。

間に合わせでなく、ほんとうに気に入ったよいものを選ぶこと自体が、インテリア上達の道にもなります。

上質なインテリア家具は使うほどに愛着がわき、思い出もしみ込みます。そうなれば、長い人生のよき「伴侶」にもなってくれます。

8 個性があって機能的な家具をフォーカル・ポイントに

私は、設計するとき、フォーカル・ポイントを意識した間取りにしているということはまえに述べました。

具体的に言うと、フォーカル・ポイントには収納の扉、エアコンや換気口、スイッチなどがこないように設計するということです。

最初からフォーカル・ポイントという〝舞台〟を設定しておくことで、住まう人が自分の好みを表現しやすく、心地よいインテリアにするための近道になると考えています。

「ここが玄関のフォーカル・ポイント、こちらがリビングのフォーカル・ポイントです。好きな家具を置いて、演出してくださいね」

こう話して、それから先は住む人におまかせしています。

フォーカル・ポイントには、収納力があって、かつ見た目もよい〝自分のスタイルを表現しやすい家具〟や、〝ちょっと個性的な家具〟を置くことをおすすめします。

たとえフォーカル・ポイントであっても、限られた空間を〝飾り〟だけに使うのはもったいないと思うことがよくあります。

だからこそ、収納に便利な家具を選ぶのです。

たとえば、北欧風のナチュラルなイメージを出したかったら、木肌を生かした素朴なオープンシェルフや、ローチェストにしてもいいでしょう。そこにモダンなリトグラフなどを掛けると、ぐっと引き立つアイ・スポットになります。

モダンな白い空間に、塗りや板の目が美しい和箪笥や、中国の明朝《みんちょう》家具、韓国の李朝《りちょう》家具などを置くと、ちょっと個性的なインテリアになります。

とくに明朝家具は、ヨーロッパでは「シノ

ワズリー」と呼ばれ、インテリア・スタイルに欠かせないものとなっています。

世界的な家具デザイナー、ウェグナーの代表的な作品「チャイニーズ・チェア」は中国の伝統的な椅子「圏椅《クワンイ》」をヒントに生まれました。このチャイニーズ・チェアを原型にした「Yチェア」は美しいうえに、座りやすく、日本でもたいへん人気があります。

こうした個性的な家具をフォーカル・ポイントに置くと、人の目を引きつけます。いずれにしても、好きな家具を見つけて、それを実用的にも、また装飾にも使い、楽しむことができれば言うことなしです。

好みに合わない、とりあえずの家具をいっさい置かない
機能性とインテリアとしての美しさを両立させる

この考えかたをぶれずに持ち、納得のいく家具を見つけだした暁《あかつき》には、それを手元に置く満足感も倍増します。

9 一生つき合う友人、椅子

ここで少し、椅子について述べておきます。

なぜなら、家具のなかでも、椅子は特別な存在だからです。

収納とインテリアの関係とは少しはずれたところにありながら、存在感があるのでインテリアの重要な要素です。

また、実用性だけでなく、座る人にやすらぎを与えてくれるものである必要もあります。体に直接触れる時間が長く、座る人の健康をも左右することのある大切な家具なので、機能性と美しさの両方を求められる究極のインテリアなのです。

■椅子の機能性

現在、日本人の体格に合わせた、平均的な椅子の座面の高さは約四〇センチメートルとされています。

椅子の座面とテーブル面の高さの差を差尺と言いますが、それは約三〇センチで、日本人に合うテーブルや机の天板の高さは七〇センチくらい。市販のテーブルと椅子も、このぐらいのサイズのものがもっとも多く見られます。

しかし、長時間その椅子に座って過ごすことを考えた場合（とくに小柄な女性にとっては）、それらの平均的な高さより二～五センチほど低くすると、疲れにくくなります。

差尺の約三〇センチは、テーブルと椅子の相関関係上、適切な数値ですので、椅子の高さを低くする場合は、テーブルや机の高さも同じように低くする必要があります。

いわゆる平均的なテーブルと椅子の高さは、食事をしたりお茶を飲んだりなど、短時間、まっすぐな姿勢を保って過ごすぶんには、苦になることはありません。

しかし、そこで新聞や本を読んだり、書きものをしたり、長時間を過ごすような場合には、足を組んだり、背もたれに寄りかかったりと、さまざまな姿勢をとるようになります。

そんなとき、多少崩れた姿勢になっても、足がぶらぶらしたり、つま先だけが床に着くというのではなく、きちんとかかとまで着くような高さが、もっとも座り心地のよい椅子ということになるのです。

■椅子は高齢者の味方

人によっては、あぐらをかいたり、正座したり、肘《ひじ》をついたりすることもあるでしょう。そのような姿勢になっても椅子の上で楽に体が動かせるように、背もたれは、体の線に合って少し湾曲したもののほうがよいですし、高齢者の場合には肘掛があったほうが立ち上がるのにも楽です。

実際、高齢になってくるとソファの使い勝手があまりよくなくなります。やわらかいソファに深く腰掛けてしまうと、立ち上がるときに腰に負担がかかるからです。そのため、ダイニングの椅子に座っている時間のほうが長いという話はよく聞きます。

このような場合は、思い切ってソファをやめてしまい、ダイニング・テーブルを大きくします。椅子は低めで、肘掛があり、なおかつ座面が広く、背もたれもゆったりとしているものを選ぶことをおすすめします。

ソファがなくなると、思ったより部屋が広くなりすっきり見えるだけでなく、狭いスペースでものにつまずいて転ぶような危険もなくなり、安心です。

家具の修理をする専門の業者に頼めば、手持ちのテーブルや椅子の足の部分をカットして低くしてもらうこともできます。

10 暮らしのなかの「転用」の美

■インテリアのカルチャー・ショック

ある国の駐在員の家を訪問したとき、日本を再発見したような気持ちになり、とても新鮮でした。

ジャパン・スタイルとでも言うのでしょうか。

たとえば、大ぶりの火鉢の上に丸いガラス板を置いてコーヒーテーブルにしたり、昔の家の美しい欄間《らんま》を寝室の壁に取りつけ、ベッドのヘッドボートのようにしたりする演出。屏風《びょうぶ》を四枚に分けて、それを玄関のフォーカル・ポイントの壁に絵画のように掛けていたのも新鮮でしたし、美しい刺繍《ししゅう》の入った着物の帯をテーブルセンターにしていたのも印象的でした。

どれも目からウロコ、もとの持ち主が目にしたらあっと驚くようなアレンジで、それがまた、モダンに見えてとてもすてきでした。

このように、あるものを本来の用途から離れてインテリアとして使うことを、私は「転用のインテリア」と呼んでいます。

タイにいたころ、息子の遊び友だちだったドイツ人の子のおもちゃ入れは、和太鼓を転用したものでした。片面の革を下にして置き、もう片面の革を取りはずして、おもちゃを入れていたのです。詰め込まれたおもちゃは見えませんから、和テイストのオブジェのようなリビングのアクセントになっていて、なるほど、と感心しました。

「転用のインテリア」を探すことは、発想のトレーニングにもなります。

いま手もとにあって、ずっと見過ごしてきたものの意外な使いかたを、考えてみませんか？

■かごのある暮らし

私は、アジアの国々で生活用具として使われている竹や籐《とう》のかごが好きで、実際の生活でも使っています。

そもそもかごは生活道具なので、耐久性があり転用に適していますし、長年はぐくまれてきた〝実用の美〟も感じられます。個性を主張しすぎることなく、空間に溶け込み、独特の風情があります。用途が変わってもさまざまなものの収納用具として働いてくれます。

たとえば、リビングに散らかりがちなエアコン、テレビ、ＤＶＤ、オーディオなどのリモコンは、持ち手がついたかごにまとめて入れます。こうすればどれも行方不明にならないし、持ち運びにも便利です。かごに入れることで、無機質な製品が目立ちません。

蓋つきの衣装入れとして使われていたかごには、来客用のスリッパを、裁縫道具入れだったかごには、日常使いのスリッパを入れています。どちらももともとは北タイの山岳民族が使っていたものなので、調和して並んでいます。

予備のトイレットペーパーを背負いかごに収納すれば、アジアンテイストの化粧室に早変わり。サニタリー用品など、隠したいものがある場合もかごは強い味方です。

「丸い蓋とかごをとり合わせたかたち」が気に入って買い求めた漆塗《うるしぬ》りのかごは、いまのところ玄関に置いていています。一見、オブジェとしてただ飾ってあるように見えますが、じつはたまねぎやじゃがいもをたっぷりと収納しています。熱がこもりやすいキッチンに根菜類を置いておくと、すぐに傷《いた》んだり芽が出たりしてしまうので、涼しい玄関に保管しているのです。
もともとは種入れとして使われていたものなので、編んだ竹に虫除《よ》けの漆が塗ってあり、上げ底になっていて風通しがよいかごです。つまり、機能的にも野菜入れとしてぴったりというわけです。
毎年冬になると、このかごにリンゴを入れます。蓋を開けておけば玄関に入ったとたん、ほのかなリンゴの香りがやさしく包んでくれて、家族にも来客にも好評です。一日忙しかった日など、「ああ、帰ってきたな」と、やすらげるのです。

大きさもかたちもさまざま。欲しいところにサイズの合った収納スペースをつくれる。これこそ、かごが「見せる収納」として優れているところでしょう。

アジアだけでなく、世界中のかごが、日本でも手に入るようになりました。日本のアケビや竹、ぶどうつるのかご、樺材《かばざい》で編まれた北欧のバスケット、アメリカのナンタケット島や、南フランスのかごなど、上質で使い勝手のいいものを探すのも楽しいと思います。

衣装かごと
裁縫道具入れをスリッパ入れに

リモコン入れ

種入れ用かごを野菜入れに

トイレットペーパーを
入れた背負いかご

11 人を招き、季節のもてなしをする

ここまで、インテリアの考えかたや実用的なテクニックを紹介してきました。

収納と動線の関係がうまくいって、インテリアが整えば、「いつ、だれが来ても『大丈夫！』な住まい」になっているはずです。

ところで、人を招くのが好きな人は、インテリア好きの人が多いと思うのですが、それは**見られることが、いちばんのインテリア上達法だから**ではないでしょうか。

人を招くと、他人の目で自分の家を見る訓練ができますし、何よりも「お客さまをもてなそう」という、人も自分も楽しませようとする心が、インテリア上手になる最大の秘訣ではないかと思います。

■インテリア上手は招き上手

子どもたちがすでに独立しているなら、折《おり》にふれ声をかけて招いてもいいでしょう。

インテリア好きの友だちをつくり、招待するのも楽しいものです。お互いにインテリアに興味を持っている「同好の士」なら、普段から情報交換をして一緒に住まいづくりを楽しむこともできます。レストランやホテルに出掛けて一緒にフォーカル・ポイント探しをするような仲間であれば、お互いの家に招き招かれたとき、より有意義なひとときを過ごせるはずです。

パートナーもインテリアに興味があるなら、住まいづくりはもちろんのこと、ホームパーティを開催したりして、ふたりで来客をもてなすことが楽しくなると思います。家族間のコミュニケーションが活発になり、住まいもよくなるという相乗効果が得られれば、最高だと感じます。

自分の両親、独立した子どもたち、友人、親戚。どんな間柄でも、人が集まる家にはよい空気があふれます。

「あの人が来てくれたら、どんなおもてなしをしようか?」

こう考えて、そこに季節感を込めてみます。

「ちょうど暑い盛りだから、玄関には、涼しげなガラス鉢を飾ろう。いや、外は真夏

の暑さでも、暦の上では立秋だな。季節を先取りして、秋の花のりんどうを生けてみようか」

年に四回でも人を招けば、こんな具合に季節のインテリアを整える貴重なレッスンとなります。

■和の心を忘れたくない

日本には、床《とこ》の間《ま》という独自のアイ・スポットがあります。

ささやかでも床の間の掛け軸を替え、花を生けることで、季節のしつらいを工夫する美意識を、日本人は持っていました。和室と床の間がある住まいが減ってきていても、簡略化した浮き床《どこ》などで趣《おもむき》を出すことは可能です。

洋風化の波が押し寄せ、床の間を備えた家が減ってきた代わりに、私たちは多種多様な文化に触れて楽しむことができます。

十二月にはクリスマスツリーを飾り、一月にはお正月飾り、二月は節分とバレンタインデー。これを「ごちゃ混ぜ文化」と嘲笑することもできますが、季節を考えるキーワードが増えたのだと柔軟に考えれば、生活はさらに楽しくなります。

日本人の美意識を大切に次世代に伝えながら、それだけにとらわれずにさまざまな文化を切り口にして季節を味わう。人を招くという見地からインテリアを考えると、日常が豊かになるきっかけがたくさん生まれます。

第六章

リフォームで人生が変わる

｜四十代から生きるエネルギーを得るために

本書は、住まいに対しての「とりあえず」という意識を捨て、居心地のよい住まいづくりに着手することで、生きるエネルギーも手に入れていただきたいという思いから書いたものです。

ここまで、そのために必要な知識とノウハウをお伝えしてきました。

最終章では、リフォームをした私のクライアントの実例を紹介します。

住まいづくりは人それぞれであり、以下はあくまで例にすぎませんが、「自分らしく生きるための家」というテーマは同じです。

参考にしやすいように、世代別に整理してみました。

ご自身と共通する部分を見つけて、自分の住まいを考えるためのヒントとしてください。

2 「キッチンをパンづくり教室に」

――四十代：新しい挑戦のためのリフォーム

「子どもに毎朝、おいしいパンを食べさせたい」

Sさんは専業主婦で、最初は、家族のために始めたパンづくりだったそうです。もともと料理好きだったSさんは、パンづくり教室を修了し、その後お菓子教室へとステップアップしていきました。さらにオーガニックやハーブについても学んだといいます。Sさんのつくるパンやお菓子は、素朴な滋味にあふれるもので、やがて近所の母親仲間のあいだで評判になりました。

「私にも、教えてもらえないかしら」という声に応《こた》え、しばらくは親しい人たちに趣味の範囲で教えていたのですが、ふたりの子どもが中学生と高校生になって親離れの時期を迎えたとき、Sさんは自宅でパンとお菓子の教室を開きたいと考えるようになりました。

■自宅兼パンづくり教室

依頼されたリフォームの中心は、キッチン・スタジオでした。Sさん宅は一階にリビング・ダイニングとキッチン、それと、和室がありました（205ページ図面参照）。

この和室をスタジオ風キッチンに改装すれば、五～六人は教えられます。壁一面を天井まで届く浅いつくりつけ収納にし、食器、調理器具、調味料や食品ストックをすべて収め、使い勝手がよくなるように白い引き戸をつけました。

さらに、これまでキッチンとして使っていた部分をリビングにして、ダイニングルームには八人掛けのテーブルを置きました。レッスンのあと、生徒たちとお茶を飲みながら歓談するのにちょうどよいうえ、家族で過ごすにもいい、ゆったりとしたスペースになります。

光を取り込んだ明るい雰囲気の部屋にするために、床はナチュラルな無垢《むく》の桜の木に張り替え、壁は漆喰《しっくい》を塗って、茶色だったドアと巾木も白いものに替えることにしました。

もともとSさんは、自然の木の素材を生かした家具をそろえていたので、リフォームしてさらに部屋全体に陽光が降り注ぐような明るい統一感のあるイメージになりました。

■プラスアルファのインテリアで演出

しかし、これだけでは何か足りないと私は思いました。機能性は満たされたものの、四十代から教室を開くという、Sさんの新しい挑戦を象徴するものが欠けていました。

設計プランの打ち合わせで訪問すると、Sさんはいつもおいしいお茶とお菓子でもてなしてくれるのですが、そのときに使われる風合《ふうあい》ある器も、部屋にあしらった観葉植物代わりの、料理に使うハーブの寄せ植えなども、目を楽しませてくれます。

お菓子とパンづくりだけではなく、Sさんの暮らしのセンスも学べる、そんな教室にするためのリフォームができないものだろうかと考え、玄関とリビング・ダイニング、トイレのフォーカル・ポイントをアイ・スポットとして演出することを提案しました。

既存のSさん宅は、家の第一印象が決まる、玄関で靴を脱いだところのフォーカル・ポイントには、階段の手すりが斜めに視線を横切っているという構造でした。

リフォームでリビング・ダイニングもトイレも白を基調にして、その空間にSさんが演出しやすいフォーカル・ポイントをつくろうとしているのに、この階段が、生徒さんたちにいちばん強い印象を与えてしまいます。

そこで階段の手前に一枚、白いついたてのような壁を入れて、階段を隠してしまう提案をしました。その壁を背に、Sさんが持っていたシンプルなメープルのキャビネットを置き、花を飾ってアイ・スポットをつくり、天井からはスポットライトをあてます。生徒たちはドアを開けたとたん、「センスのよい場所」という第一印象を抱くでしょう。

さらに、トイレの室内幅を四五センチほど広げる提案もしました。

トイレのなかに洗面カウンターと鏡を据えつけてパウダールームにすれば、生徒たちはそこで手を洗えますし、帰るときに化粧直しもできます。

パウダールームのカウンターは、青や黄色のタイルをちりばめたモザイクにし、見せるインテリアとしました。

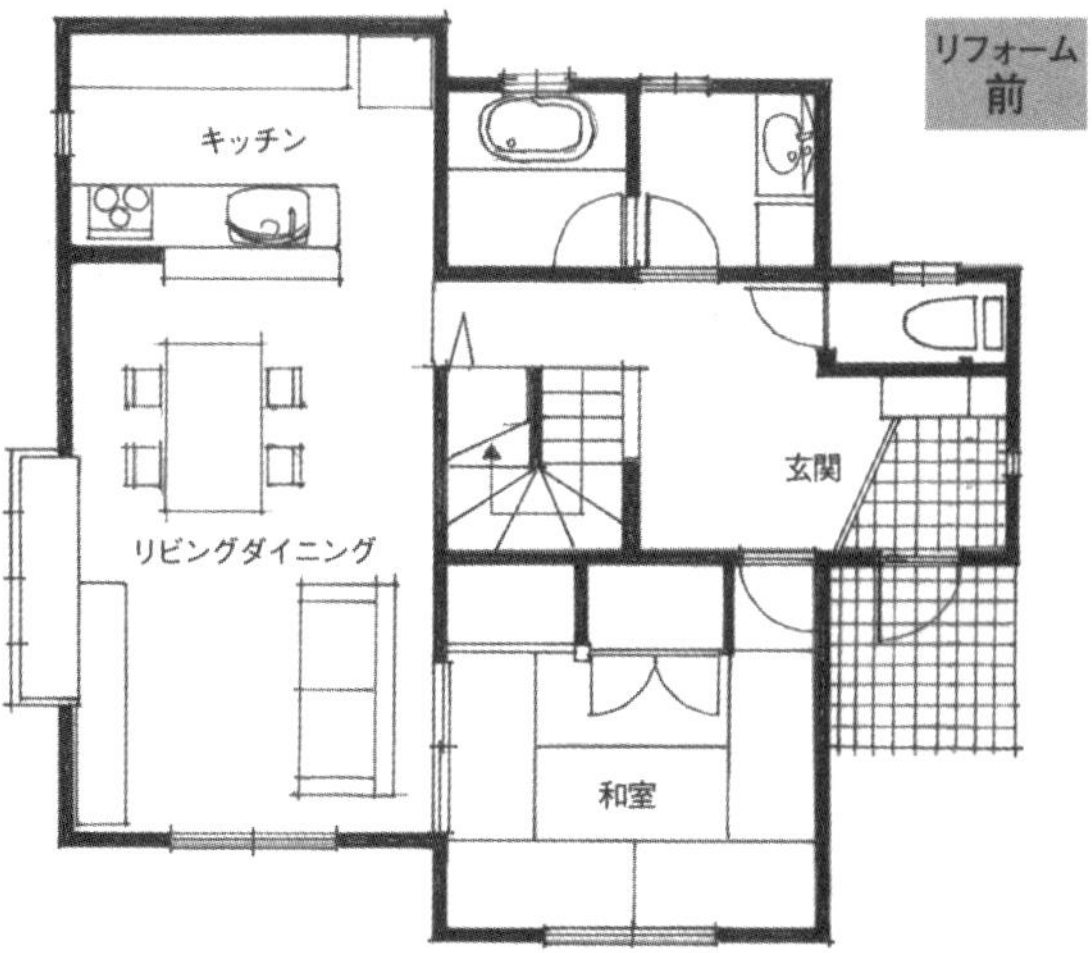
リフォーム
前
キッチン
リビングダイニング
玄関
和室

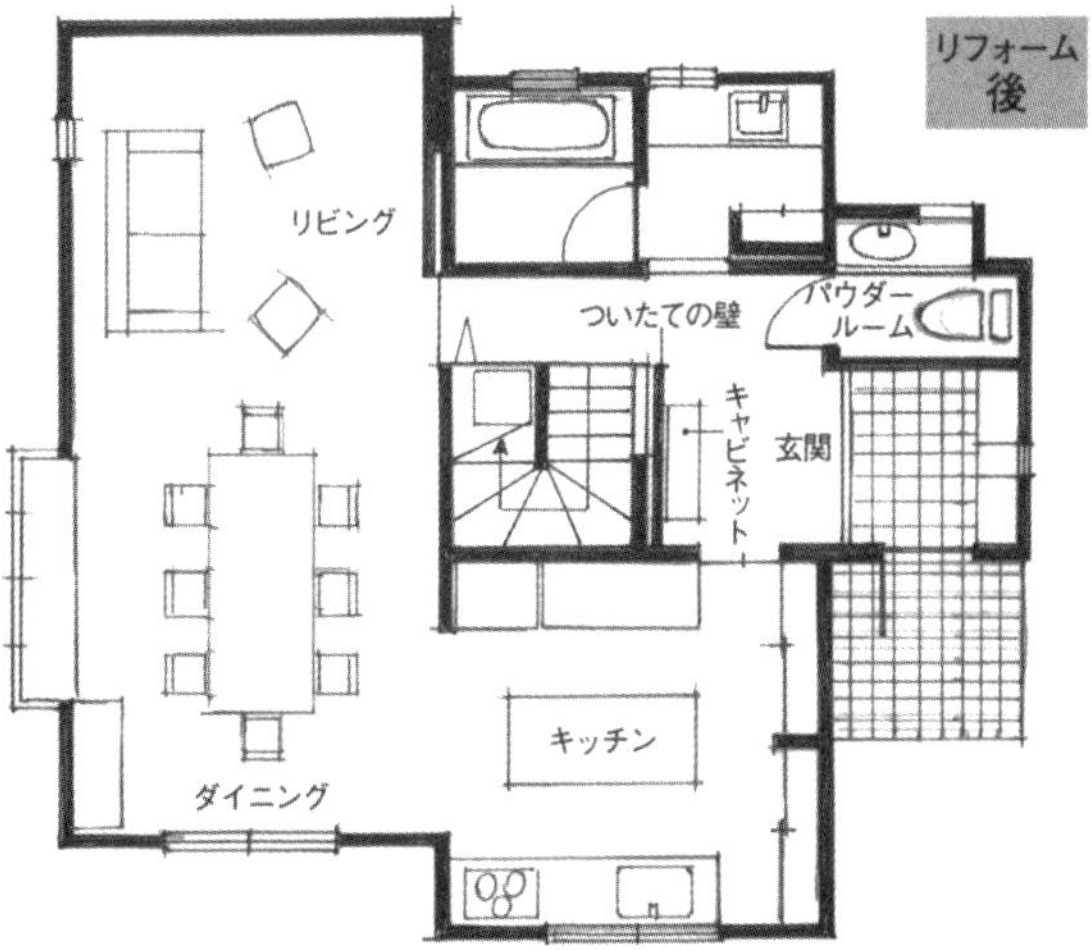
リフォーム
後
リビング
ついたての壁
パウダー
ルーム
キャビネット
玄関
キッチン
ダイニング

大きな鏡とモザイクのカウンターは個性があり、凝った印象になりますが、コストは見た目に比して思うほどはかかりません。フォーカル・ポイントには、パンのポストカードを額に入れて、毎週掛け替えることにし、ハンドタオルをのせたアイアンのトレイで雰囲気を出しました。

フォーカル・ポイントはあらゆる空間にあります。「いちばん小さな個室」、トイレも例外ではありません。

Sさん宅はパンとお菓子と「センス」の教室に生まれ変わり、いまでは週に三日のレッスンを行う、人気の教室になっています。

3 「リビングをホームシアターに」——五十代：ふたりが向き合うためのリフォーム

息子が独立して夫婦ふたりの暮らしになるという、Oさん宅のリフォームを手がけたときのことです。

もちろん仲が悪いわけではないけれど、結婚して三十年近くたつと、会話がはずむわけでもない。あまり意識しなくても、子どもがいたときは、子どもがあいだをつないでくれていた、そんな夫婦は多いのかもしれません。それでも、これからの人生をふたりで過ごすのであれば、共通の話題があったほうがいい……。

■共通の話題づくりのために

Oさん夫妻が「好きなこと」は、そろって映画鑑賞でした。

ふたりが青春を過ごしたころは話題作がたくさん発表され、映画好きの若者がたくさんいた時代です。

そこでリフォームのテーマは「ホームシアター」に決まりました。「映画」という共通のテーマがあれば、作品をきっかけとして会話もはずみます。

Oさん宅はマンションで、「個室」を確保するためにリビングが狭くなっているという、よくある間取りでした。夫婦ふたりだけの生活になれば、小さく区切られた部屋がいくつかあるより、広いリビング・ダイニングと寝室だけのほうが使い勝手がいいというケースは、たくさんあります。

Oさんの場合は、息子が使っていた部屋とリビングの壁を取り払い、大きなひと部屋のリビング・ダイニングにし、大画面のテレビを置きました。

■サプライズ・プレゼント

このリフォームには、もうひとつ思いがけないことがありました。

壁がなくなってみると、息子の部屋だったところのコーナー窓から小さな森がよく見えることに気がついたのです。

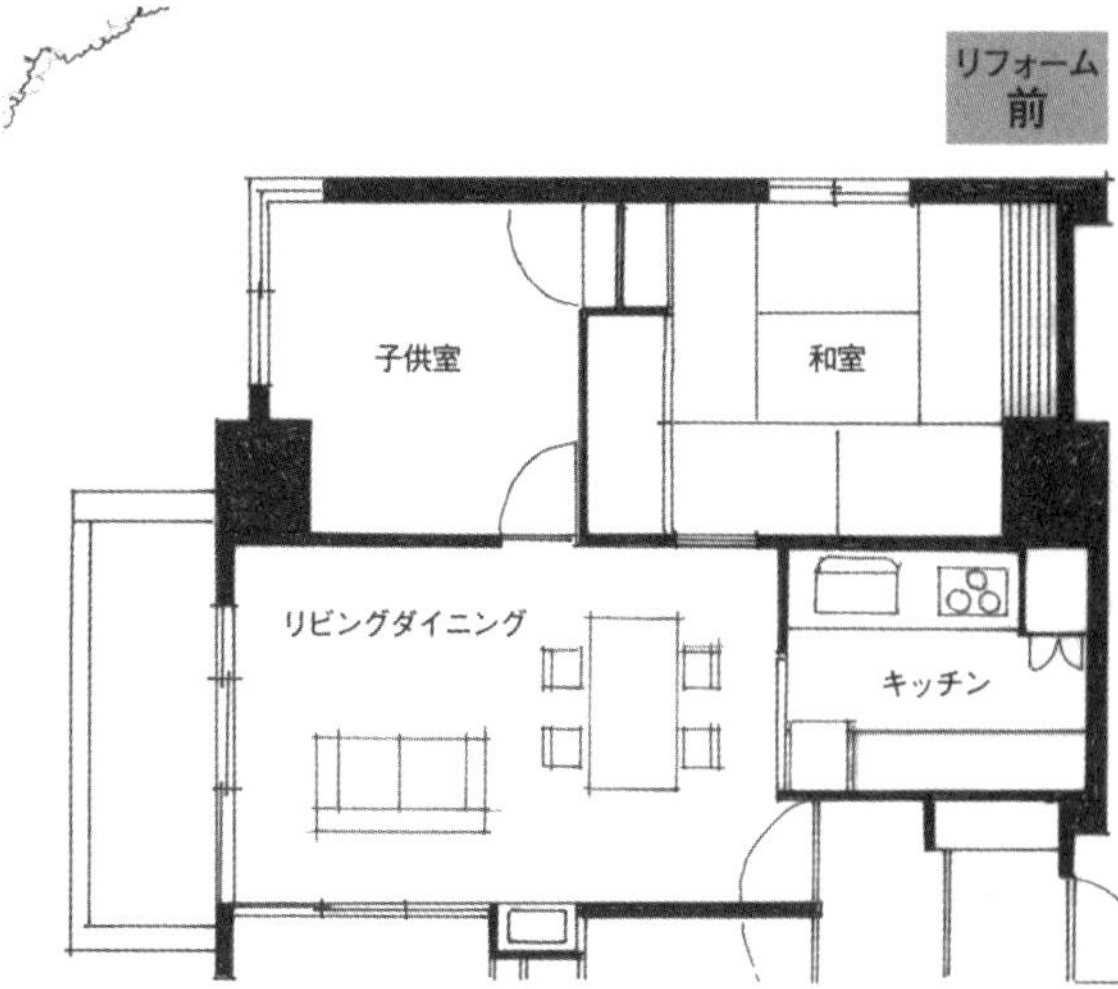

いわゆる「借景《しゃっけい》」ですが、深い緑が心をなごませてくれます。

そこでOさんと相談して、この窓辺に小さなL字型カウンターを設けて、椅子を置けるようにしました。このカウンターは小さなサプライズとなり、思いのほか喜ばれました。

「私たちは映画も好きだけど、お酒を飲むのも好きなんです。照明を落として、あのカウンターでウイスキーを飲むんですよ。窓から木々を眺めながらのんびりとね。長年住んでいる自分の家だし、ほんの小さなスペースなのに、まるでどこかのバーカウンターみたい。外に飲みにいかなくても、家でこんな

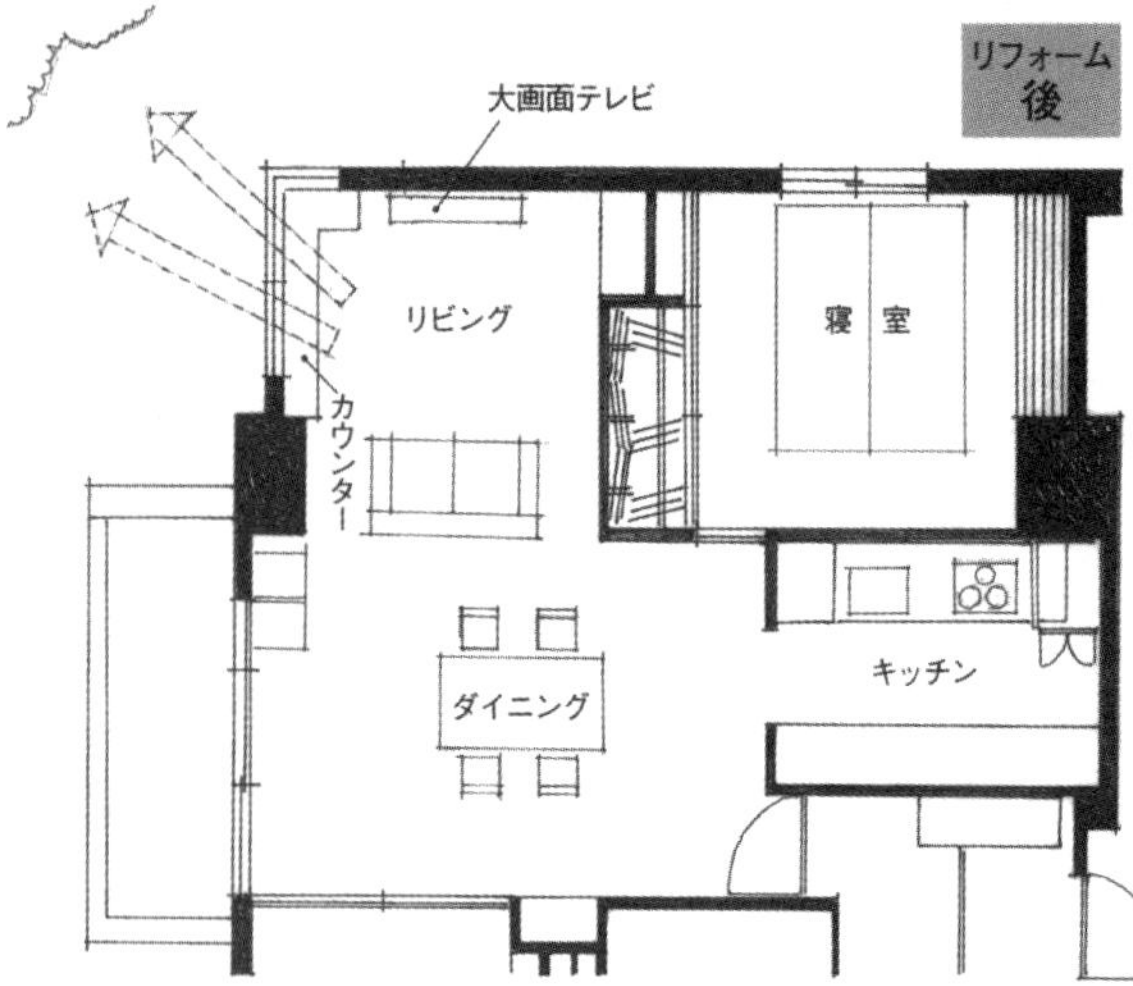

時間を過ごせるなんて、思いもよりませんでした。リフォームをしてほんとうによかったです」

リフォームとは、家族関係を見直す機会でもあります。子どもが独立し、夫婦ふたりの暮らしになるなら、「母親、父親」という役割をはずれて向き合うことにもなります。

Oさんのように、前向きに新しい関係性を見つめようとする家族のありかたは、ひとつの理想型かもしれません。

4 ペットにも「バリアフリー」

——五十代：愛犬と暮らすためのリフォーム

リフォームにあたってCさんからのリクエストは、「滑りにくいバリアフリーの床にしたい」というものでした。

それは、「愛犬を家のなかで思い切り遊ばせたい」という理由です。

■ペットは家族の一員

「ペットというより、大切な家族」として、犬や猫に愛情を注いでいる人はたくさんいます。いまは室内で飼うケースがほとんどで、そうした「家族の一員」に配慮した住まいを考えることも珍しくない時代になっています。

Cさん夫婦にとっても、犬はわが子同然。リフォームの相談では、愛犬の生活がしばしば話題にのぼりました。

動物は毛が抜けますし、部屋を汚してしまうこともあります。掃除がしやすいという人間の都合で言えば、「ペットのいる家=フローリング」となりがちです。ところが、汚れにくく塗装されたフローリングの滑りやすさは、犬にとって大変な負担です。足腰や関節を痛めたり、滑って怪我《けが》をしたり、長年のあいだには椎間板《ついかんばん》ヘルニアを患《わずら》う誘因にもなります。段差もまた、昇ったり降りたりするときに、体に負担がかかるそうです。

雨の日など、家のなかでも思い切り遊ばせてあげたいけれど、体を痛めることがあっては困ります。そのためCさんは、手軽に掃除ができて滑りにくい床をリクエストしてきたのでした。

そこで床材は、ペット用の滑りにくい材質のものを選択しました。中型犬が自由に遊べるように、五畳のキッチンをつぶして大きなリビング・ダイニングに。キッチンは和室だったところに移し、すべてフラットにして犬が負担なく動きまわれるようにしました。

Cさんは、バリアフリーの床のメリットを生かしてロボット掃除機を購入。床掃除を始めて充電器に戻るまですべて自動で動きます。

これで犬は思い切り遊べるし、Cさんはペットが落とす抜け毛の掃除に追われずに済みます。

■ペットも飼い主も居心地いい家

ほかにも、犬のための工夫を随所に凝らしましたが、ほとんどが、愛犬のことを親身になって考えるCさんの要望から生まれたアイデアです。

ダイニング・テーブルの横に大きな鏡をつけたのは、「覗き込まなくても、下で寝そべっている犬のようすを見られるように」というリクエストからの工夫でした。

私のいつものプランであれば、扉つきにするところを、オープンシェルフにしたのは、「じゃまにならない場所に犬の水飲みスペースをつくりたい」というリクエストによるものです。

床に置いてある犬の水入れを、うっかり蹴飛《けと》ばしてあたりを汚すことがよくあるという話だったので、シェルフの一角を犬の体高に合わせたものにしてみました。

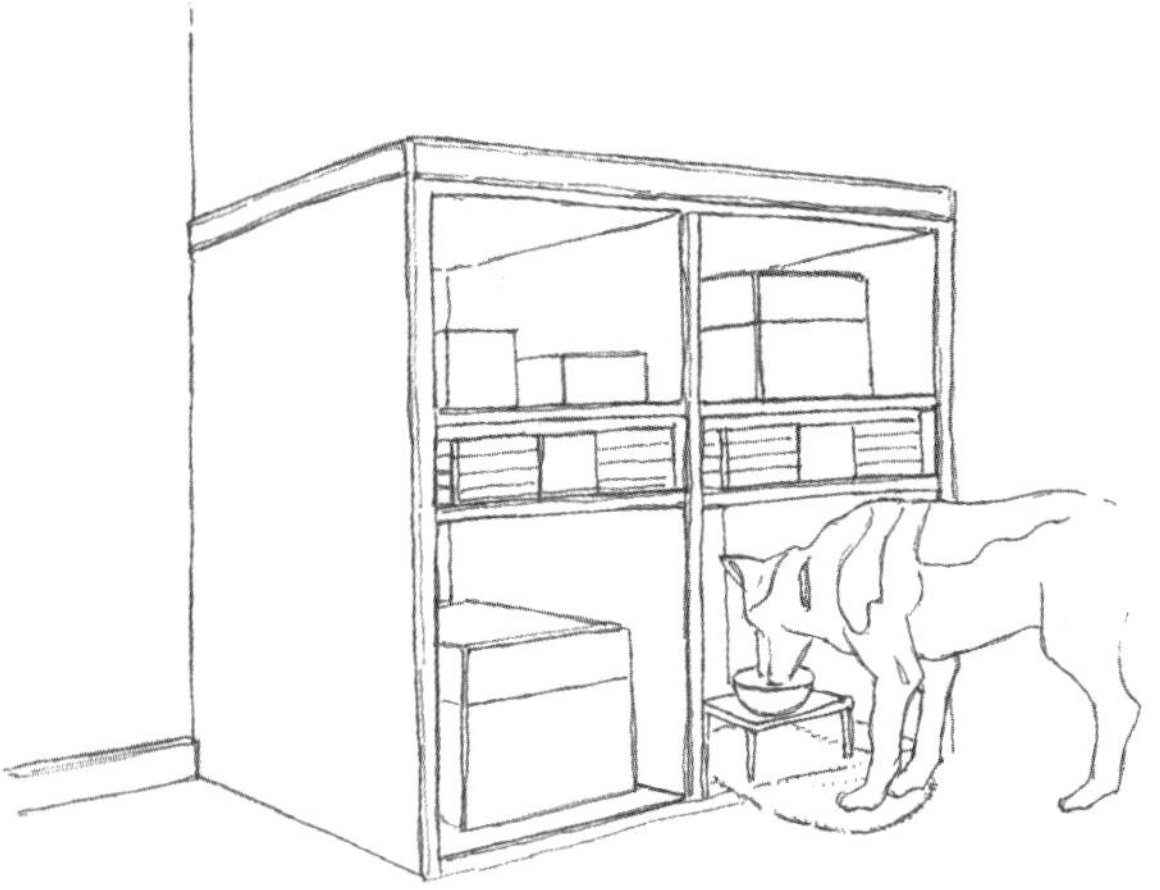

すると、犬が半身を棚のなかに入れて飲んだり食べたりできるスペースができあがりました。シェルフの裏はシンクなので水の入れ替えも餌《えさ》の用意も楽にできます。これまでは「部屋のなかに唐突に置かれていた」という犬のおもちゃ箱も、ここに入れることで片付きました。

ペットと暮らす家は、小さな子どもがいる家と同様、「安全」「掃除がしやすい」「使うものを使う場所に収納する適所の法則にしたがう」という三点が大切になってきます。

たとえば、玄関にあるCさん夫妻の靴収納のなかに、犬の散歩グッズ一式の収納スペースをつくったのは適所の収納です。カラー（首輪）やリード、犬用の季節の服にレインコート、散歩の必須アイテムであるビニール袋のストックなど、毎日使うものをまとめて収めました。

同じ収納の上の段には、Cさんの散歩用バッグと帽子、いちばん下の段にはCさんの散歩用運動靴を入れたところ、いつでもさっと出られるようになり、散歩が億劫《おっくう》でなくなったそうです。

ペットとの住まいで問題となるトイレは、人間のトイレのすぐ隣に。用を足したらすぐに流せるうえ、隣接する洗面所で手洗いもできて効率的です。

洗面台は一枚板のカウンターにし、その下には犬のトイレシートやごみ箱を置いたので、シート替えからゴミ捨てまで、何度も立ったりかがんだりせずに済みます。

Cさん宅ではやっていませんが、洗面カウンターの下部に通風窓を設ければ、においもこもりません。

洗面所をフル活用するという私の設計ポイントを、ペットと暮らす人に役立ててもらえたプランです。

5 句作とピアノの両立

――六十代：ほどよい距離感を保つリフォーム

私が、「夫婦ふたりの老後を考える場合の理想型だな」と感じたのは、それぞれの居場所を確保するリフォームをした六十代のGさんです。

ふたりそろって本が大好きだというGさん夫妻。夫は大学の図書館に勤めていた方で、リタイアしてからの趣味は、これまで集めた膨大な古文書の整理と俳句づくり。地域の人に教えるくらいの俳人で、月に一度自宅で句会をして、そのあとみんなでお酒を酌《く》み交わすのが楽しみだそうです。

妻は読書も好きですが、ピアノを弾《ひ》くのも趣味。リビングに置いたピアノでお気に入りの曲を奏《かな》でるのが、いちばんのリフレッシュ方法だと言います。

「だけど、夫が散歩に出ている隙《すき》をねらって弾いているんですよ」とのこと。夫がダイニング・テーブルで書類に向かっているとき、すぐそばのピアノを弾くとうるさいのではないかと、気兼ねしているようでした。長年、職場が日中の居場所だった夫は書斎を持っておらず、資料をひろげるのは自然とダイニングテーブルになっています。

■読書、ピアノ演奏、そして人づき合いのできる家

Gさん宅の場合、本と資料の収納がリフォームにあたっての第一関門。私はまず、ふたりの膨大な本と資料を、夫婦それぞれのものに分けてもらいました。

妻の本はまとめて廊下へ。奥行き一五センチの浅い本棚をつくりつけにし、すべて収めました。廊下がフォーカル・ポイントからはずれるためにできたことですが、これには思わぬ効果があったようです。

「夫と出会うまえの十七、八歳のころ読んでいたものまであるでしょう。廊下に来ると、つい本を開いて何時間も過ごしてしまったりして、女学生に戻った気持ちになるんですよ」

こう言って妻は顔をほころばせました。

リビングの隣にあった六畳ほどの和室は洋室にしてリビングとつなげ、十六畳の

広々としたリビング・ダイニングにしました。かつて床の間だったところを浅い壁面収納に変え、夫の本と資料をすべて収めます。さまざまな資料があり、サイズもバラバラだったため、扉つきの棚で「隠す収納」にしました。収納の横にカウンターを設けたら、書斎スペースができました。夫は一日の大半をそこで過ごすようになり、資料整理に没頭できるようになりました。

さらに部屋の広さを生かして、ピアノを夫の書斎スペースから五、六メートル離れた位置に移したことで、妻のほうも気兼ねなく好きなときに弾けるようになりました。フローリングは床暖房にし、句会の仲間が来たときは、畳と同じように座ってお酒を楽しめるように。年齢を重ねてからのリフォームは、床暖房のような体にやさしい輻射《ふくしゃ》暖房は大切な要素です。

夫と妻の居場所がそれぞれ確保されていて、お互いの気配を感じながら思い思いのことができる家。それぞれの要望が生かされた住まいは、夫婦どちらにとっても住みやすいものになると思います。

6

シンプルで小さな暮らし

——七十代：身軽になるためのリフォーム

「まるで、居心地のよいホテルみたいです」

二世帯住宅のリフォームが終わったとき、Iさんはこう言ってくれました。三十年近くを過ごしてきた古い家で、七十代を迎えたIさん。両親と夫を見送ったあと、心配した長男から「二世帯住宅にしよう」という提案があったときには、すぐさま承知したと言います。広い家でのひとり暮らしには、やはり不安があったのです。

大掛かりなリフォームにあたって、Iさんは仮住まいのアパートに移ります。竣工後は、これまでより小さくなる自分のスペースに、すべてのものを収めなくてはなりません。

「死ぬまえの身辺整理を、ちょっと早くやるようなつもりでしたよ」

Iさんは笑っていましたが、大量のもののなかには夫の遺品もあり、思い出がたくさん詰まっているものも数多かったことでしょう。

自分にとっては思い出の品でも、そのまま子どもや孫に引き継いだら困らせてしまう。こう思ったIさんは、整理にとりかかりました。似たような写真は一枚だけ残す。日記も一冊だけにしぼる。なかには、父が戦地から母に送った手紙などもあり、大切なものを選びだすには、体力も根気も決断力も必要だったと言います。

「ものを処分するなら、元気なうちじゃないと。まだ体力があるうちに、整理する機会に恵まれてよかった。ありがたいです」

前向きなIさんと話していて、私は心を動かされました。

私たちはみな遅かれ早かれ、人生のしめくくりを考える時期を迎えます。「終《つい》のすみか」を考えるときは、自分に本当に必要なもの、必要でないものを峻別《しゅんべつ》する潔さと覚悟が必要だと、改めて思い知らされました。

■身辺をすっきりさせてさらに生きる楽しみが生まれる

私が立てた二世帯住宅のプランは、シンプルなものです。長男一家の寝室はまとめて二階に。一階はリビング・ダイニング、キッチン、浴室といった共用スペースとウッドデッキ、そしてIさんの部屋。とくにこだわったのは、Iさんのための「小さくて高機能なマイルーム」でした。

十畳の部屋のなかには、つくりつけのクローゼットと、下が収納になっている小上がりの置き畳を配置。厳選した衣類や本は、すべてここに収めます。

趣味のピアノやパソコンも部屋のなかに。これまでの広い家では、一階と二階に分けて置かれていたものや機能を、すべて一か所に集約したのです。

欲しいものがすぐに取りだせて、何かやろうと思ったときすぐにとりかかれると、効率が上がり、ストレスは減ります。海外旅行、コーラス、カメラと多趣味なIさんは、「必要なものが自分の部屋にぜんぶそろっているとなんでもすぐできるから、いつも時間を得した気分です」と喜んでくれました。

Iさんの部屋は、トイレと玄関から近い位置にしました。出入口や水まわりが近いことは、年齢を重ねた人の負担のない暮らしにつながります。

浴室は共用ですが、Ｉさんの個室のなかに専用の小さな洗面コーナーをつけ、ちょっとした身づくろいができるようにしました。二階にも長男一家専用のトイレと洗面所を設けたことで、世代の違う家族それぞれのプライバシーを尊重できます。

「もっともっと」の所有の時代を卒業したＩさんの小さな暮らしは、老後を考える夫婦や、ひとり暮らしの人にも応用できるプランだと思います。

7 自分がデザインした自分の部屋
――七十代：ようやく実現した少女時代の夢

戦時中、女学生だったというFさんは、結婚してからも長らく学校の先生をしていた人でした。仕事と子育てに人生の大半を費やし、夫婦ふたりの終のすみかをつくる段になって、「小さくてもいいから自分の部屋が欲しい」という依頼でした。

Fさんの年齢を考えると、自分の部屋というものを持ったことがなかった世代なのでしょう。姉妹と一緒の部屋で育ち、結婚後は「子どもには個室を与えても、自分の部屋などとんでもない」という常識で生きてきたのだと思います。

■アンの家に住みたい

話をうかがってみると、Fさんは、少女のころの夢をそのまま大切に持っていることがわかってきました。モンゴメリーの『赤毛のアン』が大好きで、「アンが暮らしていたような部屋で眠れたら」、と言います。

そこで、Ｆさんの部屋のインテリアは、壁紙も家具もカントリー調に。断熱性を高めるために、窓の内側にもう一枚、ガラス戸をつけることにしたのですが、窓から差し込む光を室内で存分に楽しめるように、西側の出窓にはステンドグラスをはめ込んだガラス戸にするプランを立てました。

ステンドグラスのデザインは、『赤毛のアン』の舞台であるカナダで親しまれているさまざまな野の花を図案化したものにすることにしました。

物語のなかで、アンは身のまわりの可憐な花々を首飾りにしたり、帽子につけたりして楽しんでいます。ガラスの色の組み合わせは、Ｆさんに選んでもらいました。

竣工して写真を撮るとき、Ｆさんが取りだしてきたのは、子どものころにほしかったというフランス人形でした。

「これで夢が叶《かな》いました」

Ｆさんはそう言って出窓の下の小さな椅子に人形を座らせ、私はシャッターを押しました。

8 「茶の間」を「茶の間ダイニング」に

――八十代：生きる意欲がわくリフォーム

「ここまで快適になったら、百歳まで生きたいねえ」

リフォームを終えたときにこう呟《つぶや》いたのは、当時八十二歳だった私の父です。

私の実家は、東西に広いつくりです。次ページの間取り図にあるように、一階の南側には、東から茶の間（和室）、リビング（洋室）、八畳の床の間（和室）、そして寝室と、四部屋が一列に並んでいます。寝室以外の三部屋は互いに引き戸で、通り抜けができます。また、寝室と床の間には南側に庭に面した廊下があり、そこから行き来することもできます。

ダイニング・キッチンが一階の北東の角にあり、かつては、茶の間とリビングそれぞれから出入りができるようになっていましたが、過去のリフォームで茶の間からダ

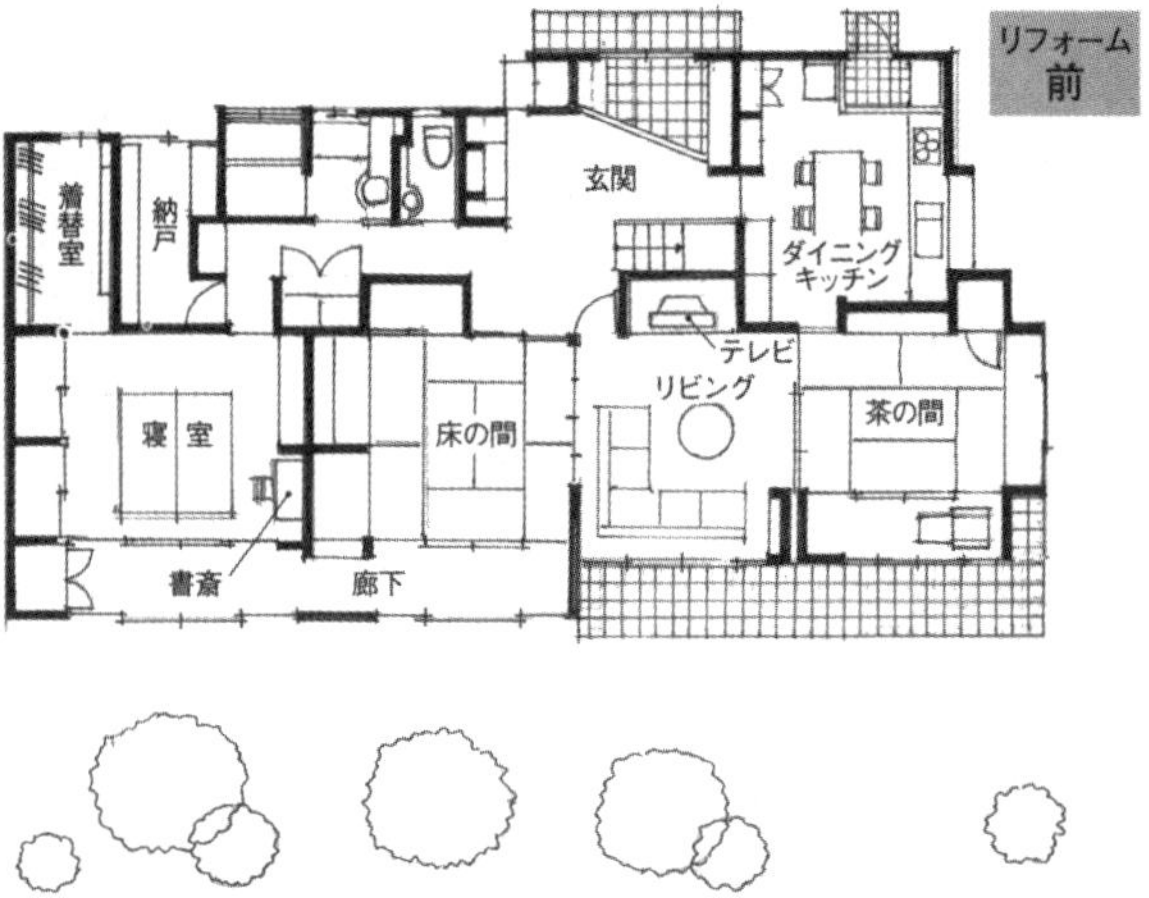

イニング・キッチンへのドアを引き戸にしたときに、リビングからダイニングへのドアを壁でふさいでしまっていました。東端のダイニング・キッチンと西端の寝室は、家の中心を東西に走る長い廊下が結んでいます。（上の図面参照）

この家は、和洋の混在した住宅の典型でした。

生活の中心が和室の茶の間であることから、一日に何度もスリッパを脱いだり履いたりする生活です。しかも前述のリフォームで、洋室に和室が挟まれるという飛び地現象がおき、キッチン側に大量のスリッパがたまるようになっていました。

高齢の母が、生活動線上でスリッパを脱いだり履いたりするようすを見ていると、つまずいて転ぶのではないかと、はらはらするものになっていました。

父の趣味は野菜づくりです。リタイア後、「無農薬の野菜を子どもや孫に食べさせたい」と、庭を利用して本格的に始めました。七十歳から始めたパソコンで、種まきや肥料をまく時期、収穫の管理まで記録するという凝りようです。

寝室に、私の兄が使っていた机を運び、パソコンとその周辺機器を置くことで、書斎としても使っていました。

このため父は、寝室と茶の間と庭を行ったり来たり、たいへん長い生活動線を移動するようになっていました。

■子どもが去った広い家で

気がついてみれば、私たち子どもがいなくなったこの家で、両親は三十年以上もふたりだけで生活していました。

たまに訪ねる実家の両親の暮らしぶりは、娘の目から見ても、建築士の目から見ても、どうにもほうってはおけない状態になっていました。

ふたりとも元気でいるけれど、着実に年はとっていくわけですし、日常生活で体にかける負担は少ないにこしたことはありません。もし、どちらかが動けなくなったり、介護が必要になったりしても、私か兄かどちらかが交代で戻ってきて、面倒が見られるような家にリフォームすることも考えはじめていました。

兄とはときどきそのような相談もしていましたが、なかなか話のとっかかりがつかめず、両親には話を持ちかけられずにいました。


そんなある日、母が配膳のために立ったり座ったりする姿を見て、ひざや腰に相当の負担がかかっているらしいと察しました。私は思い切って、これからの生活について父と母はどう考えているのか尋ねました。

すると、ふたりは口をそろえてこう言うのです。

「子どもたちが、東京の大学に行くことになったときに、ふたりだけの生活になるだろうことは覚悟をしていた。私たちは、最期までこの家で暮らしたい。できればずっとふたりで元気に暮らしていきたいが、来るべきときが来て介護されるようになり、やがてどちらかひとりが残されることになっても、極力まわりに迷惑をかけずに、この家を終のすみかとして生きていきたい」

このとき、両親の意志が非常に固いものであることを、私ははっきり理解しました。

となれば私にできることは、両親に居心地のよい終のすみかを提案することです。

いまの住まいの問題点を整理してみると、やはり解決にはリフォームが必要だろうと考えました。あまりその必要性を実感していない両親を説得して、私と兄は両親の家のリフォームに乗りだしたのです。

■スリッパ問題、キッチン問題、書斎問題の一挙解決作戦

まずは、スリッパ問題。これは、昭和三十～五十年代に建てられた戸建の家によく見られます。和室が廊下や洋室、もしくはダイニング・キッチンに挟まれているために、和室を通り抜ける際に、スリッパがどちらかの出入口に置き去りにされるという現象です。しかも、ダイニング・キッチンの中央に置いてあるダイニング・テーブルのせいで、母のキッチン動線は、いつもテーブルを迂回《うかい》して作業しなければならない

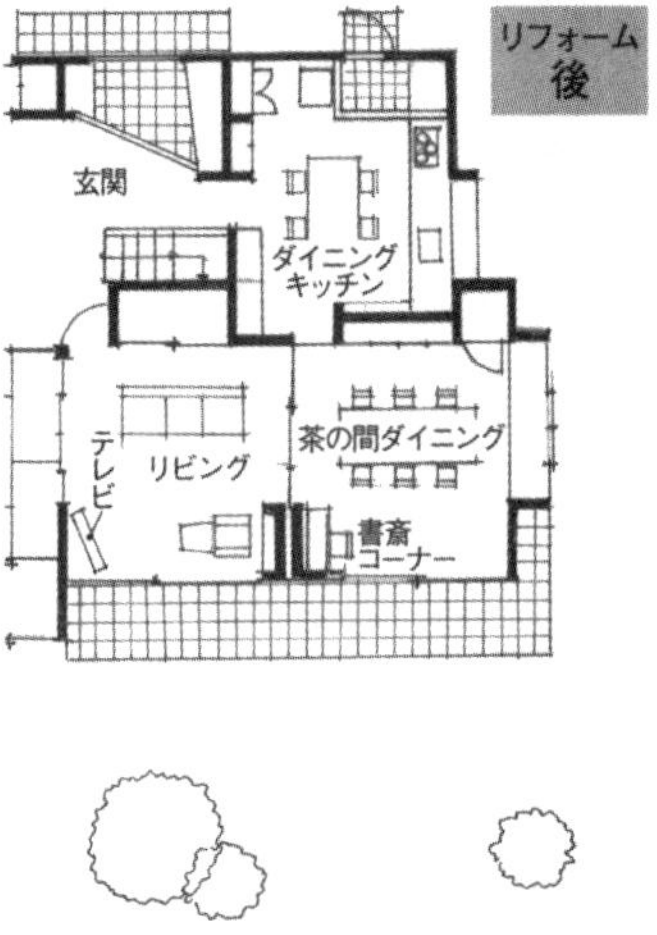

という非効率動線の典型でした。

　そして、茶の間での立ち居による体への負担。茶の間でくつろぐ時間が長く、台所からお茶などを運ぶたびに、母は立ったり座ったりしなければなりませんでした。

　さらに、父の書斎問題。寝室と書斎を兼用していた父の動線を短くする必要がありました。

　これらの問題は、和室の茶の間をフローリングに替え「茶の間ダイニング」とすることで一挙に解決できました。

　これによって和室は床の間だけになり、スリッパ問題はなくなりました。

キッチンは収納量が格段に多い引き出しタイプのシステムキッチンに取り替えて、ダイニング・テーブルの背後の戸棚に入っていたものをそこに収めました。ついでに、ボウルやまな板まで洗える大型の食器洗い機も組み込みました。これで、母のキッチン動線はとても効率的になりました。

父の書斎は、配線からやり直し、ネット環境の整った茶の間ダイニングに移しました。これは大掛かりなリフォームではありません。茶の間の一角に一枚板のカウンター机をつくりつけ、パソコン、ルーター、プリンターといった周辺機器を設置した書斎コーナーを設けただけです。

これで、食事、お茶、くつろぐ、パソコンいじりといった生活の大部分を、茶の間ダイニングの一か所でまかなえるようになったのです。

■体をいたわる終のすみかに

また今後のことを考え、思い切ってリビングと茶の間ダイニング、そしてキッチンに床暖房を提案しました。

夏にはエアコンを必要としないぶん、冬の寒さが厳しい地域です。それまでは「エアコンよりすばやく暖まる」という理由で灯油ストーブを使っていましたが、そのうち給油も手間になってくるはずです。何より床暖房は足下が温まる体にやさしい輻射暖房です。窓はペアガラスの断熱サッシに入れ替えることでさらに快適になりました。

工事で床をはがす必要がありましたので、この機会に床の断熱材を入れ替え、基礎の一部も耐震のために補強しました。

最後に、これまで南の庭側を背にしてテレビを見ていたリビングルームは、ソファの向きを変えて、母の好きな庭を眺められるようにしました。

このリビングは、将来に備えた部屋でもあります。自宅介護になったら、このリビングに介護用ベッドを入れることができるようにしています。床暖房もありますし、居間とのあいだは引き戸になっているので、介護する人との距離も近く、互いの気配を感じながら過ごすことができるはずです。

■父と母の元気な姿をずっと見ていたい

余分な労力を使わず、エネルギーの大半を「やりたいこと」に注げるようになれば、毎日が充実します。「これからここで何をしようか」という意欲がわいてきたのでしょう。このリフォームが完成したときに、冒頭の「ここまで快適になったら、百歳まで生きたい」という発言が出たというわけです。

クライアントに喜んでもらうのは何よりうれしいことですが、自分の父が意欲的になってくれたことには、また別の幸福感がありました。

母は父の二歳下で、趣味はちりめん細工と日本刺繍。いまも元気に趣味に打ち込んでいます。

「いつも時間がもったいなくて。やりたいことがまだまだいっぱい」

元気よく言う母から、私も元気をもらいます。

動線を整え、無駄を減らし、生活の効率を上げることは、多忙な現役世代だけのストレス解消法とは限りません。

「やりたいことをやれる動線」が整った住まいからは、世代を問わず、生きる意欲とエネルギーをもらえるのです。

子育てや仕事に疲れている三十代、ストレスが多い四十代、五十代はもちろん、老年世代でさえ、動線によって生活も精神も活気づくということ。

私はこれを、いちばん身近な両親に教えてもらった気がします。

おわりに——四十代からの家づくりについて

私は、設計事務所を始めて間もないころ、リフォームをしたばかりの五十代、六十代の方々から、「こんなに居心地のよい家になるのなら、もっと早くリフォームすればよかった」という言葉を何度も聞きました。当時は私自身が四十代だったということもあり、そんな話を聞くたびに、人生が充実し、生活に幅が出る四十代こそ、生涯の家を考えはじめる最良の時期なのではないか、と思うようになりました。

とはいえ、「まだ子どもも手を離れてはいないし、いまは、仕事で忙しくてそれどころじゃない。とりあえずはいまのままで充分」「家のことは、時間がたっぷりとれる、定年になるときになんとかしよう」。こんなふうに、住まいのことまで手がまわらないと考える人は多いと思います。

しかし、忙しい毎日を送る年代だからこそ、効率がよくて居心地のよい住まいを確保してほしいと思うのです。一歩外に出れば、私たちの生活は楽しいことばかりではありません。だからこそ「ここが自分の居場所だ」と思える安堵感や、「明日も頑張ろう」という、活力をもらえるような住まいにしてほしいのです。

四十代は、さまざまな変化が起こる年代です。子どもがいる人であれば、子育てが終わりに近づく寂しさを感じたり、親の介護問題が出てきたり、自分自身の体力の衰えを少しずつ意識しはじめたりするのも、このころではないでしょうか。

少しまえまでは夫の定年が人生のひと区切りと考えられていましたが、いまでは男女ともに、リタイアしても趣味やボランティアに、新たな仕事に、と精力的に活動する人も多くなっています。現役の世代でも、仕事ひと筋の会社人間、という人はもうだいぶ減ってきているように感じます。女性ばかりでなく、すすんで家事や育児に協力するようになった男性たちにとっても、家が心地よく、生活しやすくつくられていることは、とても重要なはずです。

リフォームを、「定年」を境に老後の住まいを考えるためのものではなく、「自分が主役の舞台づくり」にリセットするための方法ととらえてはいかがでしょうか？

私は母校の大学で、住まいやインテリアを考える集中講座を担当していますが、いつも学生に、こんな課題を出しています。

「動線と収納、フォーカル・ポイントをふまえて、あなたの思う、あなたにとっての最高の住まいとはどんな住まいかを考え、自由に表現し、図面を描いてください」

すると学生たちは最初は戸惑いながらも、じきに夢中になって、さまざまな（ときには奇想天外な）アイデアを出してきます。自分の家を創作するとなると、エネルギーはとめどなくあふれ出てくるようです。

「どんな家に住みたいか？」「どんな暮らしがしたいのか？」という問いは、自分との対話を生みだします。だからこれほどまでに熱中して課題に取り組むようになるのでしょう。

「自分でプランをした家に住みたい！」――こう思うのは学生に限ったことではありません。専門家まかせではなく、自分自身も家づくりに参加した中高年の人たちからは、「生活が楽しくなり、人生に前向きになった」という声も聞かれます。

住まいづくりによって、生きるエネルギーがわいてくるという傾向は、性別、年齢にかかわりなくあるのです。こんな楽しみを、何十年も先までとっておく手はありません。いまから収納や動線、インテリアの知識だけでも身につけておけば、もう少し先のリフォームでも、新築でも、家づくりが具体的になったときに必ず役に立ちます。

私たち設計者は、設計する家を自分の「作品」としても考えていますが、いちばんには、これからずっと住む人たちにとって居心地がよく、生活しやすい家であるべきだと考えます。ですから、私たちの仕事は、まずクライアントを理解することから始まります。

「家づくりの真の目的は、住む人が幸せになること」です。家は舞台であり、主役はそこに住む人なのです。

主役のあなたが、本書によって、自分の家と、そして人生と改めて向き合い、「居心地のよい家」づくりに取り組むその第一歩を、自分が思っていたより早く踏みだしてくれることになれば、これ以上の喜びはありません。

水越 美枝子

本書は、ＮＨＫ出版から刊行された『40代からの住まいリセット術』を、文庫収録にあたり加筆・改筆したものです。

水越美枝子（みずこし・みえこ）
一級建築士、日本女子大学非常勤講師、NHK文化センター講師。
日本女子大学住居学科卒業後、清水建設（株）に入社。商業施設、マンション等の設計に携わる。一九九一年からバンコクに渡り、住宅設計のかたわら「住まいのインテリア講座」を開催、ジムトンプソン・ハウスのボランティアガイドも務める。帰国後、1998年一級建築士事務所アトリエ・サラを共同主宰。主に住宅設計（新築・リフォーム）の分野で建築デザインからインテリアコーディネート、収納計画まで、人生を豊かに自分らしく生きる「人が主役の住まい」づくりを提案。
著書に『がまんしない家』（NHK出版）、『増補改訂版　いつまでも美しく暮らす住まいのルール』『一生、片づく家になる！』（以上、エクスナレッジ）、『理想の暮らしをかなえる50代からのリフォーム』（大和書房）など多数。

知的生きかた文庫

40代《だい》からの住《す》まいリセット術《じゅつ》

著　者　水《みず》越《こし》美《み》枝《え》子《こ》
発行者　押鐘太陽
発行所　株式会社三笠書房
〒一〇二-〇〇七二　東京都千代田区飯田橋三-三-一
電話〇三-五二二六-五七三四〈営業部〉
〇三-五二二六-五七三一〈編集部〉
https://www.mikasashobo.co.jp
印刷　誠宏印刷
製本　若林製本工場

ISBN978-4-8379-8871-7 C0130

知的生きかた文庫

仕事も人生も うまくいく整える力

枡野俊明

まずは「朝の時間」を整えて、体調をよくすることからはじめよう。シンプルだけど効果的――心、体、生活をすっきり、すこやかにする、98の禅的養生訓。

「美しく生きる人」一日24時間の時間割

浅野裕子

朝はいい気分で起きる、背筋をピンと伸ばして歩く、頑張らない自分も大切にする。毎日をシンプルに、美しく生きることを心がければ、人も、ものも、運さえも引き寄せられる!

そっと無理して、生きてみる

髙橋幸枝

悩んでいるヒマがあったら行動する。何度でも、何度でも、ゼロから始めてみましょうよ。100歳になっても医師を続けた精神科医が語る「ちょうどいい」頑張り方。

アンチエイジングは 習慣が9割

米井嘉一

健康で若々しい人とどんどん老けていく人は何が違う? 筋肉・血管・脳・ホルモン・骨を若返らせ、老化の最大の敵「糖化」を防ぐ、医学的に正しい「アンチエイジング」の方法。

60代からの暮らしは コンパクトがいい

本多京子

いつもの一日が「最高の一日」に! 60代になって、〈食〉を中心に暮らしをコンパクトにしたら、物事をシンプルにとらえられ、どんどん身軽に快適になりました!(著者)

C50484